みんなで街に出よう!

~重度障害者吉田朱美と仲間たちの半世紀~

NPO法人「つっかいぼう」設立20周年記念出版

NPO法人つっかいぼうのさらなる発展を願って

つっかいぼう前代表
全国障害者解放運動連絡会議副代表
DPI日本会議常任委員
戸田二郎

NPO法人つっかいぼうは2023年に設立20周年を迎えました。長い間一緒に運動に携わってきた一人として心から慶んでいる次第です。

文章を書くことは非常に苦手であるためお断りしていたのですが、旧知の編集者が何度も自宅を訪れ、その熱意に根負けし筆を取りました。「つっかいぼう」の皆さんと出会う前の私の障害者運動の関わりなども含め、書かせていただきました。

私は１９５1年に生まれ、生後すぐポリオに罹患した。小学校入学後は、母親が乳母車や自転車に私を乗せて送迎し、年齢が上がるとともに自立歩行ができるようになったので徒歩通学した。中学校は距離があったため、最初は同じ学校に通う兄の自転車に乗せてもらって通い、その後、自転車になんとか乗れるようになってからは自転車通学した。

中学卒業を前に、高校へ行きたいと思っていたが、経済的な問題でかなわず、それなら定時制へと母親に進学を訴えたものの、障害があって通学などが危険だからと許されなかった。やむなく卒業と同時に小さな印刷会社に入社。自分の行動範囲を広げたいと思い、20歳のとき心配する母親を説き伏せて運転補助装置付きの車の免許を取得した。車は現在も使っている。

その印刷会社には10年ほど勤めた後に解雇され、自営業を始めることになった。ちょうどその年１９７6年、全障連（全国障害者解放運動連絡会議）が結成されようとしていた。私は手話サークルで出会った何人かを中心に障害者問題の学習会を行っていて、その仲間から「無職で時間があるから」と推されて結成大会に参加。それを機会に全障連の活動に加わるようになった。

学習会の一環として、聴覚障害者に関わる3件の刑事裁判に取り組む機会を得た。最初の裁判では聴覚障害者が取り調べや公判などにあたって手話通訳が保障されているのか実態に迫った。さらに詳細は省くが、事件の背景を明らかにしたいと考え、自分なりにいろいろな調査を進めた。

その裁判の途中で、別の聴覚障害者が放火容疑で逮捕され、裁判所から手話通訳をしてほしいとの依頼があり引き受けることにした。被告は身に覚えがないと訴えてきて、よくよく調べていくと冤罪だと推定された。弁護士を依頼するなどして、一審は無罪判決を得ることができたが、検察の控訴により二審は逆転有罪。最高裁でも上告を棄却され有罪が確定し、非常に残念な結果になった。

3件目は、岡山県で起きた窃盗事件で、担当の弁護士が面会時に全く意思疎通ができていないのに詳細な調書がまとめられていることに疑問を感じ、岡山の全障連関係者に相談した。私の許に連絡があり、弁護士と面談したところ、この被告は学校に通ったことがなく、家庭からも見放されていて手話も知らないし、文字の読み書きも全くできないことが分かった。公判が開かれるたびに岡山まで通い、特別弁護人として、法廷内のやり取りが理解できているかどうかの確認をする役割を担った。

３件の刑事事件が一定の収束を経た後、１９７７年に岐阜市内で重度の堀勝子さんという脳性マヒの女性が一人暮らしをするので支援してほしいとの連絡を受けた。応じることに決めたが、周りには介護をしてくれる女性がほとんどいない。このため、運動で出会った何人かの名古屋市在住の方に頼んで就業後、介護に携わってもらった。ただ、それだけでは全く不十分なので、岐阜で知り合った学生にもその輪を広げていき、何とか日々の生活ができていった。

堀さんは詩作に励んでいて、そのことを知っていた東京の障害者運動の関係者から作品集を発行したいという希望が寄せられた。何回もの編集会議などを経て詩集『心をしばって下さい』が刊行された。この詩集や介護のための打ち合わせのため、私は週の半分は堀さん宅で過ごし、体調が悪いと連絡があれば夜中でも駆けつけるという生活が続いた。大変な反面、ある意味、充実した日々であった。

79年の養護学校（現在の特別支援学校）の義務化に対して全障連は全力で反対運動を繰り広げた。79年1月26日から31日まで文部省（現文部科学省）に話し合いを求めて東京の数寄屋橋公園にテントを張り、雪交じりの雨の中、文部省庁舎前での座り込みをし、私も加わった、残念ながら養護学校は義務化されてしまったが、各地で普通学校への就学を求める声は後を絶たず、それぞれ教育委員会や学校への働きかけを行った。東京の金井康治君や静岡の石川重朗君の取り組みでは2度に亘って72時間のハンガーストライキが決行された。

岐阜市でも普通学校に通うことを希望する親子から相談を受け、一緒に教育委員会や学校との話し合いを重ねて就学実現がかなった。そのときの母親の二人は、現在つっかいぼうが始めているグループホーム建設に積極的に関わっている。

私が養護学校義務化反対運動をしていたころが「つっかいぼう」結成への助

赤期である。

吉田朱美さんと出会ったのは、名古屋市で活動している「わっぱの会」が主催した「そよ風のように街に出よう」という雑誌の読書会であったと思う。そのころから大垣市の「太陽の会」の森純子さんや川本輝美さんたちとも出会って一緒に行動を共にするようになった。最初に取り組んだのはキャンプで、とにかく参加者を三桁《けた》に乗せようと皆に声をかけ、実際に150人くらいが集まったと記憶している。

キャンプ実施にあたっては、前もって主なメンバーで「合宿」をすることを提案した。キャンプの前に何故わざわざ合宿をするのか不思議だと思われるかもしれないが、参加者に障害者が主体であるという自覚を持ってほしかったからである。障害者がお客様になってしまう行事が多くある中で、お客ではなく主体であるということをミーティングなどの場で話し合い、キャンプでそれを実践できるように努めた。

家族や施設関係者としか出会うことがない障害者にさまざまなことを感じ

取ってほしくて琵琶湖への「湖水浴」にも挑戦した。海水浴を考えたが安全性を考慮し琵琶湖になった。まず、みんなには「水着を買いに行こう」と呼びかけた。海や湖で泳ぐ経験がないため当然、水着など持っているわけもなく、まず、そこから意識を変えてほしいと考えたのである。

その後、「駅にエレベーターをバスにリフトを」をスローガンにバリアフリーの取り組みを始めた。国鉄（現ＪＲ）岐阜駅高架事業で駅が新しく建て替えられ、地上３階がホームになる。ところが、エレベーターは設けられないとの情報がもたらされたため、早速エレベーターの設置を県や市、国鉄に要請し、岐阜駅前での署名活動を行った。

国会議員の調査団の派遣を要請し、現地視察と当局との交渉の場もつくった。その甲斐があってエレベーターの設置は実現できたが、私たちが求めていた自由に使えるエレベーターではなく、鍵《かぎ》がしてあり駅員に連絡をして解錠してもらわなければならないものであった。交渉のとき参加していた県議会議員が、「こんな設備では10年後には笑われることになる」と話していたことを思い出す。

誰もが使える公共交通機関を求める活動の中で、京都市の地下鉄に設置されたエレベーターは鍵のない開放型と聞き、「いい旅しよう京都」と発案した。長野・静岡・愛知の各障害者団体には、それぞれの最寄りの駅で乗車してもらい最後は大垣駅で合流。全員で京都へと向かい、当地のエレベーターを視察した。このほか名古屋市の地下鉄にも出かけ、実態を調べたこともあった。

こうして吉田さんたちと共にいろいろなことに取り組むうちに、「自由に集まることのできる拠点のようなものが欲しいね」と話が盛り上がり、古い一軒屋を借りて「つっかいぼうの家」をつくった。毎週末になると、ここにみんなが集まり、話し合いや活動の準備をして、まるで合宿のような日々であった。その後企画した「大カルタ大会」の準備にあたっては、絵をかいたり、読み札の選考をしたりで、私は週末、家にいることはなかった。

1995年に阪神淡路大震災が発生した際には、つっかいぼうを挙げて災害支援にも取り組んだ。

地震の後、全障連の運動を共にしていた友人から毎日何通ものファックスが届いた。被災地の障害者の安否確認や被災した障害者作業所の状況などが伝えられたほか、救援活動をしようにも車の移動が困難なため、原付のバイクが必要と書かれていた。原付は私の家に1台あり、つっかいぼうの関係者からも災害復旧にと1台提供されたことから、つながり亭の職員に運転をお願いし、他の救援物資と共に神戸に運んだ。その後、つっかいぼうの仲間で街頭募金にも取り組んだ。

この阪神淡路大震災を契機に被災障害者救援のため「ゆめ風基金」が設立され、現在は「認定NPO法人ゆめ風基金」として、東日本大震災や新潟、熊本などの震災だけでなく豪雨災害の救援活動にも取り組んでいる。同基金は岐阜に講演などで何回も来ていただいている障害者運動の大先輩で、グラフィックデザイナーの牧口一二さんが初代の代表理事を務め、退任された後は私が代表を引き継いでいる。

「つっかいぼうの家」が軌道に乗り始めた1990年代、仲間の一人花村美智子さんがそこで自立生活の慣らし運転を始め、その後、念願の一人暮らしを手に入れた。

花村さんに続き、つっかいぼうの中からは今井隆裕さん、山内ゆきえさん、後藤篤謙さんらが次々に自立生活を実現していった。世紀の変わり目は、折から「措置から契約へ」と障害福祉の制度が大転換期を迎えた時代だった。そうした流れに対応し自立生活者の生活を支援するため、つっかいぼうはＮＰＯ法人化し、それを期に私は代表を退き、吉田さんが法人の理事長になった。

いろんなことを思い出しながらまとまりのない文章を書いてきたが、強調したいのは、これら多くの取り組みを進めるうえで吉田さんの存在は非常に大きかったということだ。折々変わっていく情勢に対し、常に冷静かつ的確に準備や体制づくりを担い、進むべき道へとつっかいぼうをけん引してきた。

最後に、吉田さん、そしてつっかいぼうの皆さん、長年にわたり本当にご苦労さまでした。そして、その間、障害者運動の仲間の一人に私を加えていただいたこと、心から感謝いたします。

まだまだ課題はいくつも残っていることとは思いますが、つっかいぼうの皆さんには一つ一つ克服され、前進を続けられますよう期待しています。微力ながら私も引き続き応援させていただきたいと思います。

目次

プロローグ「つっかいぼうの家」

今にも抜け落ちそうな天井の板を、これまたいかにも頼りなげな細い角材が「つっかい棒」となって精一杯支えている。裸電球の鈍く黄色い光が、相当くたびれた四畳半の部屋を照らしていた。

「鵜飼」で有名な長良川の旅館街の裏手にある静かな住宅地の一角。新旧の家が軒を連ねる中、優に築50年は超えていそうな、ひときわ古めかしい家があった。このわびしげな四畳半はその家の一番奥の部屋である。

日が落ちると辺りはすっぽりと闇に包まれ、街は早々と眠りにつこうとしていた。件の古ぼけた民家の住人もとっくに床に就いていそうなところだが、道に面した部屋の窓からは煌々《こうこう》と明かりが漏れ、時折、楽しげな話し声や笑い声も聞こえる――。

時ならぬエンジン音、そしてヘッドライトの光。

新たな来客の到着である。

名古屋ナンバーのワゴン車が慣れた様子で狭い庭先に頭を突っ込み、パンやクッキーを満載したコンテナを次々に下ろし始めた。

「来たぞ。さあ、仕分け！」

誰からともなく発せられたかけ声に、中にいた若者たちは腕まくりした。

庭に面した縁側のガラス戸を全開し、ふすまを取っ払った、だだっ広い畳の部屋にコンテナが続々と運び込まれる。

配達先ごとにパンを段ボール箱やビニール袋に詰めたり、数を数えて品物を確認したり、「指揮命令役」に徹したり、笑いながら見守るだけだったり……、
各人各様の流儀で仕分け作業を始めたのは、「障害者自立センターつっかいぼう」の仲間たちだった。


つっかいぼうが誕生したのは、１９８８年の春。

重い障害のある人も健常者と同様に地域で「ふつうの生活」ができる社会をつくろうと、障害者だけでなく、そうした考え方に共鳴する社会人や学生のボランティアも加わり30人ほどの仲間で結成された。

週末ともなると実家や障害者施設、入院中の病院などから、ここ「つっかいぼうの家」に集結。自立生活の勉強会や先々の活動についての話し合いなどを行い、そして時にはこのように「仕事」を共にしていた。

パンやクッキーの仕入れ先は、名古屋市にある共働事業所「わっぱの会」である。この会は障害者も健常者も共に生き、共に働くという理想を実現したつっかいぼうの先輩であり、良きお手本でもあった。無添加・国産小麦使用が売り物の手作りパン「わっぱん」は、店頭売りや宅配などで着実に販売実績を重ね、地域の人たちに親しまれていた。

〈公共施設の段差が取り除かれ、駅やビルとかにはエレベーターが設置されている〉

〈スーパーなどには車いす指定の駐車スペースが設けられている〉
〈車いすでも乗れるバスやタクシーがある……〉

２０２０年代に生きる人たちからすれば至極当たり前であり、全国のどこでも見かけるバリアフリーの光景だろう。しかし、当時はほとんどそのような配慮はなく、「車いすの人」を街で見かけることもまれな世の中だった。

戦後の急激な経済成長により、１９６８年にはＧＤＰ（国内総生産）世界第2位、超大国米国に次ぐ「金満国家」にのし上がった日本。しかし、その繁栄をよそに、10年たっても20年が経過しても、この国では障害者や高齢者、妊婦などの自由を至るところで奪う、障害＝バリアが旧態依然のまま、ほとんど手つかずだった。

障害者からすると、こうした町のありようだけでなく、教育や仕事、日々の暮らしなど、多くの場面で健常者中心の社会から疎外され、健常者であればごく当たり前の生き方をすることが極めて困難な時代だった。

つっかいぼうは、そんな時代に結成された。

その名称は、「障害のある者もない者もお互いにつっかい棒になって支え合い、地域で共に生きていこう」という仲間たちの思いから生まれた。名付け親はリーダーの戸田二郎で、命名にあたっては、もちろん自分たちの拠点の小さな部屋で懸命に天井を支えている本物のつっかい棒にもあやかっていた。

つっかいぼうにはもう一人、戸田と共に仲間たちを引っ張っていた中心人物がいた。それが本書の主人公吉田朱美である。

吉田は当時30代前半で、他のメンバーたちの多くとほぼ同世代だった。

車いすの彼女は小柄であまり目立たず、先頭に立って声高に指図するようなタイプではない。しかし、彼女が話し始めたり声をかけたりすると、居合わせた面々はなんとなく耳を傾け、ふんふんと相づちを打つような場の雰囲気になる。

吉田朱美のリーダーシップ。それは仲間同士の日頃の付き合いの中で自然に生まれ、つっかいぼうが活動の新たな局面を迎えるたびに、より強固なものになっていった。

吉田朱美とその時代

岐阜市に生まれる

吉田は1954年に岐阜市長良千代田町に生まれた。そこは中心部から少し離れた住宅街である。

1歳4カ月のときに当時国内で子どもの間に大流行していたポリオ（脊髄性小児まひ）にかかり、首から上と腕以外は不自由な「重度障害者」となった。動いたり歩いたりすることができない生活を送るうちに、「自分はふつうの人とは違う」と幼な心にも何となく感じていたという。

幼いころの夏、小学校の運動場で盆踊りがあって親に抱っこされ連れて行ってもらったときのことです。子どもたちみんなには風船が配られていました。私も欲しかったので、もらいに行きましたが、「踊っていないから駄目」と言われたのです。

踊っていなかったのではなく、踊ることができない。それで駄目と言われてもどうしようもない。踊れないことに対して、もらえないというのは正しいことなのだろうか？　それは子どもも心にも「理不尽」だと思い、未だに記憶に残っています。

物心がついたころには、見られるのが嫌だとか、見た目に対する引け目とかを感じることもありました。（以下断りのない引用は、吉田の口述）

時にはそのようなつらい思いをした。やりたいことができない、自分のために家族が苦労している……、などと悩んだこともあった。しかし、ふだんの家での生活では、彼女はそのまま家族に受け入れられ、感情を害されるような出来事は何一つなかった。

父親の正幸と母親の久子は、彼女が障害者であることは本人のせいではない「仕方のないこと」と受け止め、健常者のように何でもできる子になってほしいと促すような言葉かけやそぶりもなかった。吉田は子どものころ、親というものはそういうものなのだろうと思っていたが、その後、自分に対する両親の接し方はそれほど当たり前のことではなかったことを知った。

世の中にはさまざまな親がいた。

友達の中には家にお客さんが来ると別の部屋に行かされたり、兄弟の結婚式に出してもらえなかったりした子もいました。道を一緒に歩くときは、できるだけ目立たないようにしろと言われたりとかも……。

そんな話は成人して以降も、つっかいぼうの仲間から何度も聞きました。私自身が受けたことのないそのようなひどい仕打ちが実際にはあるのだ……。

年齢を重ねるにつれ、比較的恵まれていた自分の境遇に基づく先入観のようなものは、他の人たちと出会うたびに改められ、障害者の置かれている状況が次第に分かってきました。

吉田が最初に「入園」したのは、当時、益田郡下呂町（現下呂市）にあった

「岐阜県立整肢学園」(注)で、1960年、吉田6歳のときである。ここは医療行為も行う障害児の受け入れ施設として吉田が入園する3年前に設立されたばかりだった。

岐阜市からは100キロ近く離れていて、とても通える距離ではないため、親元を離れることになるのだが、年端のいかない吉田は、素直に両親の意向に従うしかなかった。「親戚の誰かから『そこに行って治って帰ってきたら、着物を買ってあげる』って言われたような覚えもある。治る病気じゃないんだけど……」と吉田はかすかに記憶している。

整肢学園で家族と別れる直前の吉田

園生の中には同じ岐阜市の山内ゆきえと大垣から来ている森純子という同い年の子もいて、じきに仲良くなった。

吉田と山内、森は、後日、共に手を携え障害者が地域で暮らすための運動の同志となったが、そんな遠い将来のことは幼い三人が知る由もない。ただ、半世紀前の岐阜県には「県都」岐阜市にも、それに次ぐ大垣市にも子どもたちの療養施設はなく、縁もゆかりもない遠い飛騨の地で生涯の友に出会ったということである。

整枝学園にいたのは2年足らずだった。その間に妹の正喜が生まれた。当時は子どもに障害があると、次の子はある程度間を空けてからもうけるようにしていたという。障害児に対する社会的サポートが貧弱で、家族がかかりきりで世話をしなければならなかったからだ。吉田が親元を離れた理由の一つにはそんなこともあった。

（注）1974年に岐阜市に移転。現在の名称は「希望が丘こども医療福祉センター」。

「義務教育」を受ける

吉田が学齢期を迎えた1960年代初頭、障害のある子どもたちをめぐる教育環境はどのようなものだったのであろう。

敗戦により真の民主主義を手に入れたはずでのわが国であったが、教育においては戦前そのままに「近代産業」に資する人材育成が金科玉条とされていた。

五十人の普通の学級の中に、強度の弱視や難聴や、さらに精神薄弱や肢体不自由の児童・生徒が混じり合って編入されているとしたら、はたしてひとりの教師による十分な指導が行われ得るものでしょうか。特殊な児童・生徒に対してはもちろん、学級内の大多数を占める心身に異常のない児童・生徒の教育《きょういく》そのものが、大きな障害を受けずにはいられません。（傍点は編者）

　現代の常識からすればまさに噴飯物のコメントであるが、これは当時の文部省が1961年に『わが国の特殊教育』というれっきとした広報資料の中で公にしている教育方針である。

　盲学校や聾学校は戦後すぐに整備されたが、養護学校がまだなかった当時、重い障害のある子どもは、最も後回しにされ、学校教育法で就学猶予や就学免除の対象とされていた。義務教育の義務とは、もとより国や政府、保護者などが子どもに教育を受けさせなければならない義務である。ところが、重度の障害があると通学や学校生活などに支障をきたすなどとして、そうした障害のある子どもの多くは、この猶予・免除規定により事実上学校に行くことができなかったのである。

文部科学省の学校基本調査がそれを明白に裏付けている。

それによると、義務化の翌年1980年の時点における就学免除・猶予となった6歳から14歳までの子どもの数は、2593人。これに対し、養護学校がまだ影も形もなかった30年前の1950年は、その13倍にもなる3万3972人もの子どもたちが学校に受け入れてもらえなかった。

事実、1954年生まれの吉田と同世代の障害者の友人の中には、小学校にも中学校にも行っていない者が何人もいた。

そのような状況下ではあったが、吉田の場合は「重い障害があっても入れてあげよう」と当時の校長が判断し、岐阜市長良の地元の校区にある岐阜市立長良西小学校への入学が許可された。

しかし、通学することはできなかったため、ふつうの小学生らしい学校生活を送ることはできなかった。勉強は親が付けてくれた大学生の家庭教師に教えてもらい、近所に住む友達が毎日、宿題のプリントを吉田に渡して、前回の分を学校に持っていってくれた。

4年生のときには、彼女の家で教えたいと手を挙げてくれた先生がいて、その先生からも学んだ。こうした学校側の柔軟な対応と親切な友達のおかげで必要な学力を身につけることができ、なんとか小学校を修了した。しかし、卒業式には出席していない。なぜか学校から「卒業式は来ないでほしい」と言われたという。

あまり学校に行ってなかったから、親しい友達はそうたくさんできませんでしたが、2018年に「つっかいぼう設立30周年」の集まりで、宿題のプリントを持ってきてくれた当人が参加してくれました。再会することができて本当にうれしかったです。

半世紀ぶりくらいだから、もうお互い60過ぎでした。確か、県内の私立大学で「教育センター長」とかを務めていると聞きました。

その同級生以外にも時々は家に遊びに来る友達もいました。数は少なくても、家族以外と関わることができたことは本当に良かった。やはり、独りぼっちより、友達がいた方がいいです。

ふつうの小学校の児童の一人として、限られていたとはいえ、学びの場が得られ、友人関係をつくることができた吉田だった。しかしその後の進学については、地元の中学校から断られ、彼女に選ぶことのできる進路は、岐阜市内ではなく、10キロ以上離れた関市にある「県立関養護学校」に限られていた。

1967年の春のことである。

関養護学校時代

関養護学校は吉田が入学する1年前に廃校になった関市内の高校を改築した仮校舎でスタートした。通学が困難な児童・生徒が多いため寄宿舎も備えられていた。

翌年、新校舎の完成に伴い寄宿舎も改修されたが、重度の障害のある生徒の受け入れが当初想定外だったためか、「障害者用トイレ」はどこにもなかった。その後、吉田のような生徒が何人か入学することになり、そうしたトイレはその寄宿舎と教室との中間くらいのところに一つだけ設置された。

入学して寄宿舎も見に行きましたが、自分のような障害があっては、とても、そこでの生活はできないように感じました。

ただ、車いすから寄宿舎の畳の部屋に移る際の支えとして、一枚木の板を張らせてもらえばなんとかなりそうでした。そこで校長先生に相談しましたが、校長からは「君一人のために、寮の改造をすることはできない」とあっさり断られました。私の親が随分怒っていたのを覚えています。

寄宿舎の改造を認められなかったため、実家から通学するしかなかったが、家には車がなかったため毎日車で送迎してもらうことは難しい。そもそも、当初、障害者用トイレがなかったことなどもあり、重度障害者である吉田が肢体不自由児のためのこの学校で、他の生徒たちのように学ぶことは事実上不可能だった。

かといって時代は養護学校が義務化される以前のことでもあり、堂々と権利を主張し、「学びにくさ」を解消させることはできなかった。やむなく、小学校のときのように在宅で家庭教師から学ぶ日々が続

関養護学校で母久子と

いたが、中等部2年に進級しようとするころ、教師の一人から思いがけぬ申し出があった。

「吉田さんの自宅に下宿させてもらい、勉強を教えながら自分の車で学校にも連れて行きましょうか」

その教師の名前は織田貴応といい、岐阜市郊外にある寺の住職でもあった。

後々の話ではあるが、「織田先生には、本当に良くしてもらった」と彼女は感謝の気持ちを忘れず、若いころ、自身が家庭教師として子どもたちに教える立場になったときには、いろいろと相談に乗ってほしかったという。ところが、残念なことに早世し、その願いはかなわなかった。

通学できるようになったものの、学校そのものは吉田にとってあまり居心地の良いところではなかった。

その原因の一つは「校風」である。当時の校長は、「人に親切にしてもらったら必ずお礼を。頑張って人に迷惑をかけないように！」が口癖で、彼女の目には残念ながら古めかしい道徳観を押しつける人物にしか見えなかった。

その校長の指示の下、彼女が2年生のときのホームルームの時間では、「今日一日、目標を持つことが出来たか？　人に迷惑をかけなかったか？」などと、担任の教師がそれぞれの反省点を挙げるよう毎日問いただすのが恒例だったという。

「人に迷惑をかけました」

「今日も迷惑をかけました」

「また、迷惑をかけました」

ホームルームのたびに、毎回、判で押したように答える吉田の反省の言葉を聞き、担任の教師はさすがに何か事情があるのではと感じた。

「吉田さんは、いつも迷惑をかけているというが、いったい何をしたの？」

「校内で車いすを少し押してもらったりする場面に校長が居合わせると、必ず『迷惑をかけないようにしないと』と言われます。だからそのように答えているんです……」

吉田と担任との問答は校内で問題となり職員会議にかけられた。

どのような議論になり、いかにして当の校長が収拾を図ったかは今となっては定かではないが、その後、担任からは「そうした介助を受けるようなことは迷惑ではない」という言葉かけがあったという。

担任が校長の非を認め、とりなしてくれたことで少しは気が晴れたものの、「どうしてそんなことを言う人が校長でいられるのだろうか、この養護学校全体にそうした考え方が蔓延《まんえん》しているのでは……」という強い疑問と憤りの感情を禁じることができない吉田だった。

先生たちは何かに付け「障害」と結び付けて私たちを見ていたように思います。少しできないことがあるたびに、すぐ「努力しないと、頑張らないといけない」と言われる。「私たちはいつも努力しているのに、これ以上どうしろというの！」。クラスメートたちはそんな怒りを常に感じていましたが、全て押し殺して、沈黙するしかありませんでした。

みんな嫌な思いをしている。だからこんな養護学校のままでは駄目だなと思っていました。

後に吉田も足を踏み入れることになる障害者運動の日本における牽引者の一人で、わが国最初の全盲の普通高校講師でもあった楠敏雄は、彼女のような生徒たちを代弁し当時の障害児教育のあり方に異議を唱えている。

確かに「障害児」はさまざまな困難を強いられていますが、これを欠陥学と位置づけ、その欠陥を是正することが「障害児」教育だと位置づけること自体、大きな問題ではないかと提起したいと思います。（中略）「障害」をなおすことを強要する教育を断固拒否していく闘いを進めていかなければならないと考えています。これは一部でいわれているように私たちが「発達」を拒否しているとか、訓練をいっさい否定しているとかいうことを意味しているのではありません。あまりにも「発達」「訓練」で「障害者」の24時間をしばることへの反対として、「発達」ナンセンス、「訓練」いやだということが障害者自身の「生の声」として出てくるのです。(『「障害者」解放運動とは何か』柘植書房　1982年)

当事者の一人として就学の障害や養護学校の実態には、とうてい納得がいかない吉田だったが、まだ彼女は家と学校以外の世界を見聞きする機会もない「中学生」。やり場のない不満を募らせるばかりだった。

しかし、それは決して吉田やその学友たちだけが強いられた特殊な境遇ではなかった。全国各地で養護学校が整備され、義務化されていく過程で、この楠のような識者たちがその問題点を積極的に発信する一方、重度の障害者やその家族の中からは、同様の反発から公然と反対運動を起こす人たちが生まれ始めていたのである。

1970年代初頭には、「なぜ、生まれ育った地域の学校に進むことが許されず、友達とも切り離されて養護学校にいかなければならないのか?」という声を学校や教育委員会にぶつける、いわゆる「就学運動」が展開されるようになった。

一方、「反差別」の立場からは、健常児と障害児を分ける「分離教育」そのものに当事者らが反対の意思を表明し、「養護学校義務化反対運動」が各地で湧き起こったのである。楠らを中心に1976年に結成された、全国障害者解放運動連絡会議（以降「全障連」を表記）は、義務化反対を活動の柱の一つに掲げ、一方の旗頭となった。

高校時代

関養護学校中等部3年生のときに「通学介助」などのサポートをしてくれた織田先生の転勤が決まり、引き続きこの学校に通うことは物理的にも難しくなった。元々養護学校自体好きになれなかったため高等科に進むつもりはなかったが、かといって他に思い当たる進路も見いだすことはできず、吉田は煩悶する日々を送っていた。

世間的には「大阪万博」を翌年の1970年に控え、高度経済成長のお祭り騒ぎがピークを迎えようとしていたころのことである。

そんなある日、織田先生と担任の教師から岐阜市内にある4年制の県立岐阜高等学校通信制課程進学の話が舞い込んだ。先の見通しが立たなかった吉田はうれしい半面、家族の負担が頭をよぎった。しかし、両親は心おきなく行けばいいと言ってくれ、翌春、車いすの普通高校生が誕生した。

いざ入学してみると、一年修学期間が長いとはいえ、教科書はもちろん普通の高校で採用されているものが使われ、学習指導要領に基づいたカリキュラムのレベルにも変わりはない。養護学校では授業に「訓練」なども組み込まれていて、あまり勉強が進んでいなかったこともあり、入学当初、吉田はさっぱり成績が振るわなかった。特に英語と数学は、もう一度中学校の復習をし直さないと授業についていけないほどで大層苦労した。

同級生には吉田ともう一人、小さいころポリオにかかり軽い障害が残っている女子生徒がいた。以前は全日制の高校に通っていたが、途中で体調を崩し、いったん療養してからこの通信課程に入り直していたため、吉田より2歳年上だった。彼女のように年齢差がある同級生は珍しくなかったし、ほとんど全員が仕事をしながら学んでいた。この高校には一般社会の縮図のようにさまざまな人たちがいたのである。

貧困に苦しんでいたり、病気がちだったり、家庭に問題があったりする級友の話をしばしば聞くことがありました。でも、そうした大変さを抱えながらも、みんな学びたいと一生懸命で、多くの人は4年でちゃんと卒業していました。それぞれが抱える事情を知っている先生たちは、どの方も生徒一人一人に対し謙虚に接していて、中には私たちを尊敬していると言ってくれた先生もいました。

私は「世の中こんなに苦しい人がいるんだ」とあらためて知り、「大変なのは障害者だけじゃない」と自分に言い聞かせました。

ただ、吉田も人一倍苦労していた。一番大変だったのはトイレの問題で、校内に障害者用がないため、登校日の前日は一切水を飲まずに我慢していた。通信制とはいえ、２週間に一度は登校しなければならず、当日は教室で級友たちと机を並べ、朝から夕方までみっちり対面での授業が続いたのである。

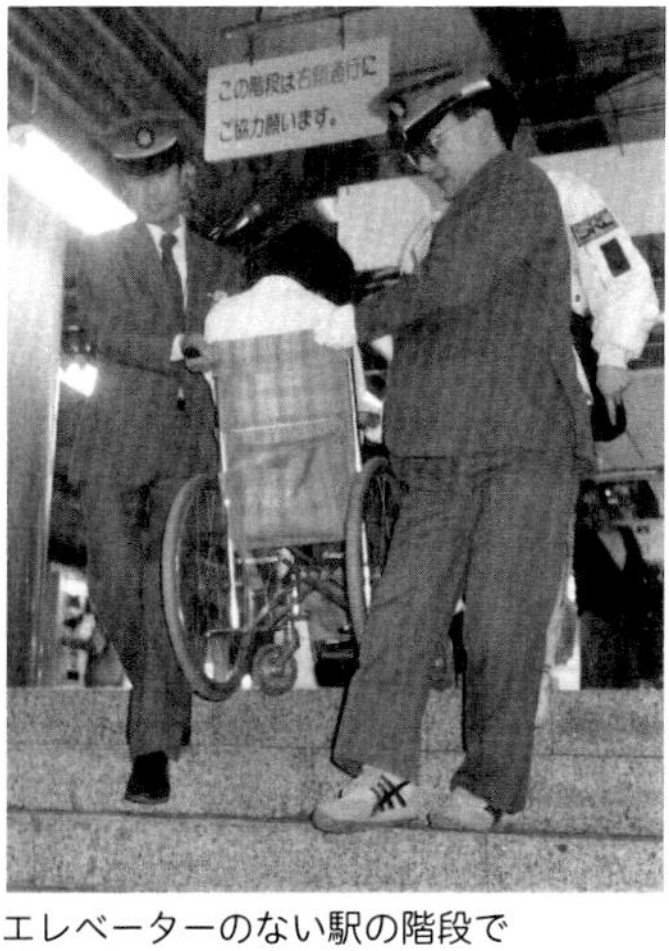

エレベーターのない駅の階段で

「こんなつらい思いをずっとしなければならないとなると、卒業は無理かもしれない……」と、今後を悲観することもあった。エレベーターはなく、段差も多かった。上の階の教室で授業があるときは、階段の上り下りは級友たちに車いすごと持ち上げてもらわなければならなかった。

それは１９７０年代当時の障害者が、ひとたび「外の世界」へ出た際に直面する「日常」の光景だった。

高校時代にはこんな思い出もあった。

通っていたのが障害に対する配慮がなされていない「普通高校」のため、実習教室には階段以外の手段ではたどりつけず、何回か授業に出られなかった。結局、その授業の単位を落としてしまい、担当の教師から「せっかくこの学校に来ているのに単位を取れなくてどうするんだ！」と大層叱られた。

吉田としては、「階段を上がることができなかったから……」と反論したい気持ちもあったが、叱責をそのまま受け入れ謝った。その教師はふだんからこうしてストレートな物言いをする半面、他の生徒たちと一緒に彼女の車いすを持ち上げて階段の上り下りを手伝ってくれるようなところもあった。

吉田は高校に上がる前に通っていた養護学校のことを思い起こし、段差はあるし、トイレも不便だけど、障害のある自分が特別扱いされない普通高校の方がまだいいと感じた。

――養護学校は何から何まで障害の存在を前提として特別に構築されているが、現実の社会はさまざまな人たちがいて、その人たちと関係を取り結びな

がら生きていく開かれた世界。もうすぐそこで生きていくのだから

多くの健常者との初めての本格的な交流の場＝高校は、楽しいことよりも、どちらかと言えば、苦しいこと、つらいことの方が多かった。しかし、そんな中にあっても、「トイレとエレベーターさえあればなんとかなるのでは……」と、かすかな光明を見いだそうとしていた吉田だった。

車いすの障害者が社会の一員として暮らすため、真っ先に必要なものは何かを吉田はこの学校の生活で知った。そして、「もっと外に出て、多くの人に会い、世の中のさまざまなことを知りたい」と思いを新たにした。

山鳩の会

卒業まで残った時間はあとわずかとなった。

普通高校で学ぶことができ、つくづく良かったと4年間を振り返る吉田だったが、その後の進路は全く白紙で中学を終えた直後と同様、途方にくれる毎日

だった。二十歳は目の前。巣立ちの時期でもあった。

卒業式の日、親に車いすを押してもらって学校から帰る道すがら、私はすごく落ち込んでいて、傍目《はため》にも、たぶんとても暗い表情をしていたと思います。

高校を出てしまうと、もうこうやって外に出ることもなくなってしまうのだろうか。自分が所属するところは他に一つもない、せっかくつながった社会との関係がまた断ち切られてしまうかもしれない。これからどうすればいいんだろうと不安や恐怖を感じていました。

自分でもできる仕事として希望を抱いていた家庭教師の道を目指すため、とりあえず大学の通信教育を受けたり、英語検定の勉強をしたりはしていたものの、自宅から出ることはほぼ皆無で、家族以外の人と接触するような機会はほとんどない日々が続いた。

そんなある日、同じ重度障害者で当時の岐阜県における障害者運動を代表する人物の一人、森章二のことを新聞記事で知った。高校を卒業して4年目。22歳のときである。

森は1943年生まれで、吉田が出会ったころは、30代半ば。4歳のときに進行性筋ジストロフィー症と診断され、中学卒業後は実社会と隔絶した生活を送っていたが、22歳の時に「岐阜県筋ジストロフィー協会」の設立を知り、この病気の難病指定を求める活動に加わった。

以来、1970年代から80年代にかけて、車いすで街中に出てバリアフリー化を訴えるなど、マスコミの力も借りながら活発に障害者の自立運動を繰り広げた。森はまた、そうした社会活動の一環として同じ境遇の人たちの輪を広げるために文通サークル「山鳩の会」を主宰していた。

特定の相手とひんぱんに手紙を出し合う「文通」に親しんだ経験があるのは、吉田と同世代の1950年代から60年代前半までに生まれた世代までくらいだろうか。

固定電話はもちろん普及していたが、文通は大切に思う人と心を込めたやりとりをする方法として、ごく一般的に利用されていた。スマホやSNSもない時代である。自由に直接人と会ったり、障害によっては電話をかけたりすることすら困難な障害者にとって、文通は健常者以上に交友関係を広げ、付き合いを深めるための重要な手段だった。

「山鳩の会」結成に至る経緯は、森が中心となって刊行した『重度障害者の叫び』（山鳩の会　1976年）の共同編集者、戸川克巳が寄稿した文章に記されている。

「箪笥《たんす》の中は、下着や服を追い出した手紙でいっぱいになってしまった」。

森君は、燃え細る命の火を掻き立てるかのようにペンに縋り付き、書いて書いて書きまくった。

閉ざされた世界、限られた空間の中で、孤独の虜になってひっそりと生きている重度障害者の悲哀を、身をもって体験しているだけに、手紙といえどもおろそかには出来なかったのである。手紙が言葉のすべてであったといってもいい。彼は一人でも二人でもより多くの仲間を求め、情熱のありったけを傾けて語りかけていったのである。

昭和四十八年、身障者文通サークルは、そんな森君を中心に、ごく自然に誕生を見た。

吉田が森に会ったのは、ちょうどこの本が出版された年だった。

思い切って電話をかけると、すぐに家を訪ねて来てくれた。そして、障害者の社会参加といった真面目な話ばかりではなく、雑談も交えながら気さくに語り合い、山鳩の会に入らないかと誘ってもくれた。

森のように重度の障害がありながら外の世界で積極的に活動をしている人物に接するのは生まれて初めてのことで、吉田は大きな衝撃を受けた。

初対面の森さんはしっかりと話をする方という印象で、介助者のボランティアともお願いするような口調ではなく、対等な物言いで応対していました。これまで私が接してきた障害者は、どちらかと言えば受け身で控えめな態度を取ることが多かったので、とても新鮮に感じました。

「山鳩の会」は文通仲間の集まりでしたが、会の活動を通じて行政関係の福祉担当者と話をしたり、福祉学部のあった中部女子短期大学（現中部学院大学）の先生や学生たちと一緒に勉強会をしたりと、それまで会ったことのなかった人たちに接触し交流する機会を与えてくれました。家族とは別行動でそうした場に単独で出かけたのは生まれて初めてでした。

吉田も中部女子短大の学生と文通を始めつつ、「山鳩の会」で知り合った仲間、さらにはその友人たちというように交流の輪を広げていった。

外に目を向けると、それまで外出する機会の少なかった重度の障害者が、まずは当事者同士、家から外に出て集まろうという動きが都市部を中心に広がりをみせていた。

全国的な規模のものとしては、「第1回車いす市民交流集会」が1973年に仙台で開かれ、その後1年おきに京都や名古屋など大都市で開催されるようになった。
その集会の参加者らが「愛知・岐阜・静岡・三重」という枠組みで始めたのが「東海4県車いす市民交流集会」であり、1977年に岐阜市が会場となったときには「山鳩の会」

家から出始めたころ

がホスト役を務め、吉田もスタッフに加わった。
彼女の行動範囲は少しずつ広がり、1981年には「車いす市民集会」の大阪大会に学生ボランティアと一緒に出かけるまでになった。
1973年は「庶民宰相」と呼ばれた田中角栄首相が、「福祉元年」を唱え、欧米のような福祉国家を目指す第一歩を踏み出した年でもあった。

時代はオイルショック前の高度経済成長絶頂期で、福祉政策に投じる財源に事欠く心配はない。折しも都市部では東京都の美濃部亮吉知事や京都府の蜷川虎三知事ら、「革新首長」が台頭し、老人医療費の無料化など、国に先んじて手厚い福祉施策を打ち出していた。政府与党もそれに対抗して福祉の充実を前面に打ち出す必要があった。

福祉が政治の最重要課題の一つに位置づけられる中、障害のある当事者たちの問題意識もこれまで以上に深まり、社会に対し自分たちの存在と意思をアピールしようとする運動のうねりが高まっていた。

障害者解放運動

全障連を知る

「山鳩の会」のつながりで吉田には新たな友人が次々に増えていった。

小さいころ下呂の整枝学園で同級だった岐阜市在住の山内ゆきえとは同会で再会し、同じく同級生の一人だった大垣市の森純子とも、さまざまな集まりに参加する中で久しぶりに再会した。森は地元の「重度障害者と共に歩む太陽の会」の中心メンバーになっていて、吉田とはすぐに意気投合。以降、「太陽の会」は「山鳩の会」と二人三脚でひんぱんに活動を共にすることになる。

一歩一歩、少しずつではあるが、自らが社会に開かれた存在になるにつれ、吉田は障害者のあり方について考えを巡らす時間が増えていった。

――今、この世の中で、自分たち以外の障害者はどのような状況に置かれているのか。

その当時、吉田の身近では当事者の「親の会」が子どもたちを受け入れてくれる「施設」を、もっとつくってほしいと訴える活動が展開されていた。

「発達保障論」を支持する「全国障害者研究会（以降全障研）」を紹介され、試しに『みんなの願い』という月刊誌を購読してみましたが、「どうやって障害を克服するか」という考え方が中心で、共感できませんでした。養護学校の経験から、「施設」には行きたくないと本能的に感じていたこともあって全く受け付けなかったのです。

そんなときに発達保障論＝全障研＝養護学校義務化という図式に異を唱える「全国障害者解放運動連絡会議」という団体があることを知りました。「この団体はどういう考え方をする人たちの集まりなんだろう？」と強く興味を引かれました。

発達保障論は、戦後の義務教育制度の施行後も学校で学ぶことができず、在宅や施設で放置されていた重度障害児らにも教育の場を与えるべきだという、至極もっともな主張から生まれた。この考え方に基づいた働きかけや運動が戦後の国の学校教育に大きな影響を及ぼし、義務教育の対象者の拡大に寄与したことは紛れもない事実である。

その全体像をごくごく単純化すると、〈障害を克服しようとする子どもたちの「発達」を保障するという考え方に基づき、障害児だけの教育機関を設置。障害の種類や程度に応じて専門家が指導・教育にあたる〉という考え方で、健常児と障害児の教育の場を分ける「分離教育」を是としていた。

しかし、当事者として養護学校に反発した経験のある吉田が引かれたのは、当時、養護学校義務化反対運動を展開していた全障連の方だった。

（発達保障論の）この立場においては、「障害者」は是非とも治らなければならない存在として否定されるか、さもなければ自らの「障害」を少しでも軽くする任務が背負わされることになります。そしてそれを達成するためにこそ「設備と専門家の整った場＝養護学校が最適」ということになるのです。

（中略）

彼らが「障害者」差別の主因は「障害があることであり、それをなくすることが差別をなくする近道だ」などというに及んでは、まさに文部省の路線そのものといっても決して過言ではないでしょう。子どもどうしの生き生きとしたぶつかり合いのないところで、いかに「科学的」とか「民主的」とか「権利」などという言葉を用いてみても、それは枕詞にも劣る空虚なものでしかないでありましょう。（前掲『「障害者」解放運動とは何か』）

草創期の全障連を代表する立場で、楠は健常者中心の世の中の仕組みに対する異議申し立ての一環として、このように旗色を鮮明にした。

吉田とその仲間たちにその後少なからぬ影響を与えることになる全障連とはどのような考え方に基づいた団体だったのだろうか。

この組織が結成されたのは1976年。学生たちがベトナム戦争や日米安全保障条約への反対、大学の自治の要求などを掲げ、全国の大学で繰り広げた「学生運動」が下火になったころだった。

現在でも沖縄の米軍基地反対運動や反原発運動など、「住民運動」に連帯する学生たちがいるように、当時、各地で展開されていた障害者運動にも、新たな「連帯の場」を模索していた学生たちが加勢し始めていた。それにより障害者運動は、ある種、次元の異なるエネルギーを獲得し、社会的な注目度も以前より高まることになった。

全障連はその名の通り、それら学生たちをはじめとする健常者も含めた大小多数の組織の連合体だが、あくまで障害のある当事者が主体である。ただし、思想的にはそうした学生運動、とりわけ世の中の全ての既成秩序や権威、権力を否定し、それらを実力行使で粉砕しようとした全共闘の思想に通底するところがあった。

青い芝の会

全障連の中で結成時、大きな役割を果たした脳性マヒの障害者のグループに「青い芝の会」がある。同会は、1950年代に東京で結成され、当初は当事者たちの親睦団体だったが、次第に障害者差別の告発など、社会運動色を強め、それまでの「慈善に頼る障害者観」を根底から覆す主張を繰り返すようになった。

――「生産性」のない自分たちは、現代社会にあっては「本来あってはならない存在」。

こう公言し、あえて開き直ることから導き出される彼らの熱い主張は、関東や関西の大都市圏に住む当事者たちの共感を呼び、志を同じくする組織が各地に次々と誕生した。

1970年、横浜で介護を苦に母親が障害児を殺害した事件では、地域住民らが母親に同情し提出した減刑嘆願書に抗し、殺された子どもの立場から「法に照らして厳正な判決を」と意見書を提出。「善意の」市民らに弓を引くものと、世間からは毀誉褒貶《きよほうへん》相半ばする注目の的となった。

こうした事件が起きるたびに減刑嘆願運動が行われていることや、施設不足のキャンペーンだけでことを済まそうとする健全者の社会意識に強い怒りと同時に激しい恐怖を感じ、このままでは、いつ自分たちが「殺」されるかわからないという危機感が、身体障害者団体としては全国でも初めてという運動に立ち上がらせたのである。（横田弘『障害者殺しの思想』現代書館２０１５年）

彼らはこのように自分たちの意思を社会に発信する「平和的」な活動だけでなく、路線バスの乗車拒否に端を発した「バスジャック」などの実力行使にも訴えた。

１９７３年には「全国青い芝の会総連合会」の発足に伴い、横田弘は行動綱領を起草した。

一、我らは愛と正義を否定する。
我らは愛と正義の持つエゴイズムを鋭く告発し、それを否定することによって生ずる人間凝視にともなう相互理解、真の共生であると信じかつ行動する。

一、我らは問題解決の路を選ばない。
我らは安易に問題解決をはかろうとすることがいかに危険な妥協へのの出発点であるか、身をもって知ってきた。我らは次々と問題提起を行うことのみが我らの行いうる運動であると信じ、かつ行動する。

一、我らは健全者文明を否定する。
我らは健全者文明がつくりだしてきた現代文明が脳性マヒ者をはじきだすことによってのみ成り立ってきたことを認識し、運動及び日常生活の中から我ら独自の文化を創り出すことが現代文明を告発することに通じることを信じ、かつ行動する。

※「日本脳性マヒ者協会全国青い芝の会総連合会行動綱領1973年」より抜粋

青い芝の会は自分たちが健常者中心の社会から疎外され、「不自由」である現実は、高度経済成長のキーワードである「生産性」や「能力主義」にのっとった現代社会そのものが生みだしたもので、それは時代が進むにつれさらに昂進されていると主張した。

そして、「福祉」は、障害者の家族を持つ働き手の負担軽減を目的にしているに過ぎないと否定し、「愛」や「正義」も、〈健常者 ― 障害者〉関係を固定化するものとして拒否した。

それはできるだけ家族や社会に迷惑をかけないようにとか、可能な限り「健常者のような人間」に近づき、自分のことは自分でできるようにするなどといった「達成目標」とは無縁の思想である。さらに自分の思いや意思にそぐわない「手助け」は、善意であろうがなかろうが断乎拒否。自らが自らの「生」の主体となる「自立」を目指していた。

「我らは愛と正義を否定する」。このラディカルで当時、世間の耳目を引いた有名なメッセージは、確かに「非常識」で世の心優しき人たちが眉をひそめる「過激」な主張だろう。しかし、「愛」が障害者を本当に「救う」のならば、彼らの暮らしやそれを取り巻く社会のあり方は、とうの昔に随分異なっていたはずである。

ちなみに、今の社会では十分に市民権を得ている「障害は個性」というフレーズは、青い芝の会が最初に提唱したとされている。今なお言葉に実質が伴っているとは言いがたいが、彼らがその当時の「障害者観」ではとうてい追いつけない「前衛」であったことを示している証左ではないだろうか。

「健常者に負けない」特別な能力を持ち健常者に認められた人以外の「ふつうの障害者」が、家や施設の中だけの生活を強いられ、「一般社会」と隔てられていた当時、そうした彼らの大胆な主義・主張は、全障連はもとより広く自らの現状に疑問を抱く障害者らに支持され、大きな影響を与えることになる。

1976年8月、青い芝の会も一方の呼びかけ人となり全障連が発足し、結成大会には全国から1500人もの参加者が集った。翌1977年4月には、その大会を記録した『全障連結成大会報告集』(全障連事務局)が発刊された。A4サイズ、350ページに及ぶ大部なこの本の「発刊に当たって」にはこのような一節がある。

全障連結成大会報告集

障害者の自立と解放は、言うまでもなく障害者自身が自らの手で勝ち取っていくものである。それは今まで己が置かれてきた立場をはっきりと見据え、これからの社会の動向を予見しながら明日からのあるべき自己と社会を想定し、それに向かって自己変革を続けると同時に、周囲の者にも変革を迫っていくことである。

この報告書には吉田がずっと関心を持ち続けていた養護学校義務化の問題も克明に記されていて、「障害を克服することからの解放」という自らの問題意識をあらためて明確化させてくれた。それ以外の分野に関する議論は、まだ勉強不足で分からないことも多かったが、当事者による現場からの熱い意見がぎっしりと詰まったこの本を手に入れた吉田は、「すごく面白い！」と読みふけった。

1982年、岡山市で開かれた全障連の全国大会。会場には中部女子短大(現中部学院大学)の学生ボランティアを伴った吉田の姿があった。

戸田との出会い

そのころの吉田は引き続き山鳩の会が主な活動の場だったが、リーダーの森が結婚して岐阜を去ってしまったこともあり、森の考え方や文通サークルという色合いは次第に薄まっていた。

サークルの名前を変えるとか、新たなグループとして再スタートを切るまでには至らなかったものの、リーダー不在の中、会員たちは吉田を中心としてそのままつながりを持ちながら、徐々に社会に対する関わりをもっと深めていこうとする志向が強くなっていった。

――全障連の掲げる「障害者解放運動」をいかにして自分たちの地域で実践し成果を挙げていくか。

20代も半ばを過ぎた吉田は自宅で家庭教師をしながら思案に暮れる毎日だった。

ただ、もう一人ではない。幼なじみの山内ゆきえや森純子をはじめ、同じ重度の障害のある友人たち、共に学び一緒に行動して新たな地平を切り開こうとするボランティアたち

結婚式であいさつする吉田

が周りに何人も集まっていた。

そんなある日、『そよかぜのように街へ出よう』という雑誌を目にした。全障連と近い「障害者問題資料センターりぼん社」が定期的に発行している本で、仲間の一人がどこからか手に入れ、みんなで回し読みしていた。

その本の中に名古屋市にある共働作業所「わっぱの会」で、『そよかぜ……』の読者会があるとの情報が掲載されていて、山鳩の会と太陽の会の有志で参加することになった。

本書冒頭にも登場したこの読者会の主催者わっぱの会は、吉田たちの歩みを語る上で欠くことのできない団体である。そして、同会のこのイベントなどをきっかけに顔見知りとなった戸田二郎は、その後、吉田たちを導く理論的支柱となって「つっかいぼう」の創設や重度障害者の自立生活支援などの活動をぐいぐい引っ張っていくことになる。

戸田は１９５１年に岐阜市に隣接する羽島郡笠松町に生まれた。

吉田より4歳年上で、生後3カ月のときに同じポリオにかかり足が不自由になった。杖《つえ》があればなんとか歩くことができる程度の障害で、ふつうの義務教育を受け印刷会社で働いた後、30歳手前で独立。以降、写植業を営みながら地域で障害者運動を続けてきた。

障害者運動との最初の出合いは、20代前半に入会した岐阜市内の手話サークルで、1976年に全障連結成に加わって以降、同組織の中心メンバーの一人として活動。地元でも障害者の仲間を増やして自立生活運動を根付かせようと取り組みを続け、その過程で吉田と「共闘」していくことになった。

がっしりした体格で、顔はやや「こわもて系」だが、笑うと度の強い眼鏡の奥のまなざしが途

介助者をはさんで吉田と戸田

端に優しくなる。声も大きく、どちらかといえばもの静かでクールな印象の吉田とは好対照の「活動家」タイプである。

吉田が戸田という人物を知ったのは岡山に続いて開かれた東京での全障連の全国集会だった。

戸田さんとはその後、名古屋の「わっぱの会」が主催した映画会の準備の手伝いに一緒に行くことになり、車中も含めて初めてしっかりと話をしました。全障連については、私も少しはかじっていましたが、さすがに中にいるメンバーだけあって、障害者に関する差別とか解放とかの理論に詳しく、話にも説得力がありました。

それ以降、岐阜での活動も共にするようになりました。日常の何気ない会話の中でも、障害というものの見方や捉え方についてさりげなく助言してもらったりして、その都度すごく共感し、胸にすとんと落ちることがよくありました。

例えば、私が整枝学園を卒業し、地元の小学校に入れてもらおうと親と一緒に校長に会いに行った際に、その校長が「君は成績もいいし、もったいないからね」と何気に応えたという話をしたときのこと――。戸田さんから言わせると、「じゃあ、成績が良くなかったら『もったいなくない』のかな？　そもそも、障害があろうがなかろうが、小学校は義務教育なんだから」といった調子です。

差別や偏見などがあからさまに込められた言動にはもちろん徹底的に抗議。さらには、私も含め、とりたてて悪意とかはない人たちの「一般常識」の中に潜んでいるそうした物言いについても一つ一つこだわり、きちんとたしなめる姿勢を貫きます。

私は目からうろこが落ちる思いで、本当に多くのことを教えてもらったように思います。

山鳩の会で知り合った仲間、太陽の会、そして戸田。メンバーはそろった。

交通機関の職員と対峙する戸田

吉田はこのころになると家庭教師の仕事を減らし、地域の障害者運動のリーダーとしての活動に軸足を移していった。全障連をお手本にして今、生まれ育った岐阜の地で自分たちが暮らしていく上で、最も障害となっているものからの解放を求めて動き出したのである。

最初のターゲットは「交通アクセス」。鉄道はその象徴であり。身近な駅にエレベーターの設置を求めていくことが手始めだった。

移動の自由を求める

地域で暮らし、買い物などのため町に出て行くには、移動の自由が必須である。憲法22条において居住・移転の自由が基本的人権の一つとして保障されているものの、障害者が実生活の中でそれを享受することは決して容易ではなかった。道路の段差や傾斜は、車いすでの通行を拒み、電車のプラットホームへの昇り降りやバスの乗降は、身体に障害のない健常者だけの「特権」にほかならなかった。

こうした現状に疑問を抱く障害者の中から公共交通問題を提起する声が上がり始め、全国各地で駅や車両などのバリアフリー化を求める取り組みが始まった。１９６０年代の終わりごろのことである。

吉田が障害者の集会に参加するため訪れるようになった東京や大阪などの大都市では、「福祉元年」の１９７３年以降、「福祉のまちづくり」がある程度政策に反映され、車いす用トイレやエレベーターが主要な駅に整備されるようになった。

しかし、岐阜市のような地方都市への普及は遅れていて、例えば国鉄岐阜駅（現ＪＲ岐阜駅）の場合、構内で使用できるエレベーターは、古くて暗くて人が乗るにはあまりにもごつ過ぎる「荷物用」しかなく、しかも、利用にあたってはあらかじめ駅に連絡する必要があった。
そもそも当時は、「障害者は周りに迷惑をかけないようじっと我慢していろ」といった風潮がまだまだ根強く残っていた時代である。
戸田は今から30年ほど前にこんな目に遭った。

脳性マヒの知り合いの女性が広島から訪ねてくることになり、新幹線岐阜羽島駅に迎えにいったときのことです。彼女の車いすを押してプラットホームから改札に向かいました。

すると駅長か助役か分かりませんが、責任者のような男が駆けつけ、「どうしてこんな人を新幹線に乗せたんだ！」と怒ってきました。

私は適当にあしらいながら改札を出て駐車場に向かったのですが、その男はずっと車のところまでついてきて、ののしるような口調で同じような文句を繰り返し何度も言い続けました。さすがにいい加減頭にきて、怒鳴り返してやろうかと思ったくらいです。

彼女を車に乗せて駅を出たら少し気分が落ち着きましたが、せっかく広島からやってきたのに、こんな目に遭わせて……と、悲しいやら情けないやら、いたたまれない気持ちになりました。

西岐阜駅にエレベーターを

１９８４年、吉田たちのグループは、折から新設計画が発表されていた国鉄西岐阜駅（現ＪＲ西岐阜駅）にエレベーター設置を求める運動を始めた。

同駅はいわゆる「橋上駅」で、駅舎は線路の上をまたぐ高架橋の道路脇にあった。このため、電車を利用するにはマイカーなどを駅舎前に乗り付ける以外、地面からの高低差が４メートルほどある階段を昇り降りするしかなかった。

エレベーター設置は当初から全く計画されておらず、彼らが求めている交通バリアフリーとは真逆の典型的な「問題駅」。この駅を標的にしつつ、岐阜市の表玄関の一大プロジェクトとして着々と整備計画が進められている岐阜駅という「本丸」も視野に入れていた。

「西岐阜駅にエレベーターを‼」。

吉田たちの要望活動が始まった。

西岐阜駅に続いて国鉄岐阜駅前でも新しい駅舎にエレベーターの設置を求めるビラ配りを始めつつ、関係機関への働きかけを加速させた。真摯な訴えを続けるうちに、とりあえずの対策として西岐阜駅には「階段昇降機」が配備されることとなった。それは細いキャタピラの上に車いすを乗せるいかにも頼りなげな「乗り物」だった。

使い方は、その上に車いすを固定し、駅員一人がそばに付いて階段の昇り降りをするというもので、当時、エレベーターのない駅で全国的に使われ始めていた。しかし、実際に車いすの障害者が利用しようとすると、その都度、駅員が収納場所から引っ張り出す手間と時間が要るうえ、階段の勾配、特に下り坂は恐ろしく、エレベーターの代わりにはとてもならない代物だった。

単に使い勝手が悪いというだけではなく、危惧された事故も現実に起きていた。自分の意思とは別に手足が動いてしまう脳性マヒの障害者が、電動車いすごと落下するという痛ましい出来事が他の県から伝わっていたのである。

「すごく危ないし、手間ひまかかる。こんなものでは使い物になりませんよ！」

戸田が当局に迫り、ふだんは沈着冷静な吉田も思わず感情を露わにして抗議した。

これに対し、国鉄（現ＪＲ）当局は、「エレベーターをつくりたくても設置するスペースがない。駅の構造上、整備はできない」と、頑としてエレベーターの設置を拒み、首を縦に振ることはなかった。

ところが、それから20年あまりたった２００６年のこと。「高齢者、障害者等の移動等の円滑化の促進に関する法律」＝バリアフリー新法が成立すると、時を置かず西岐阜駅に

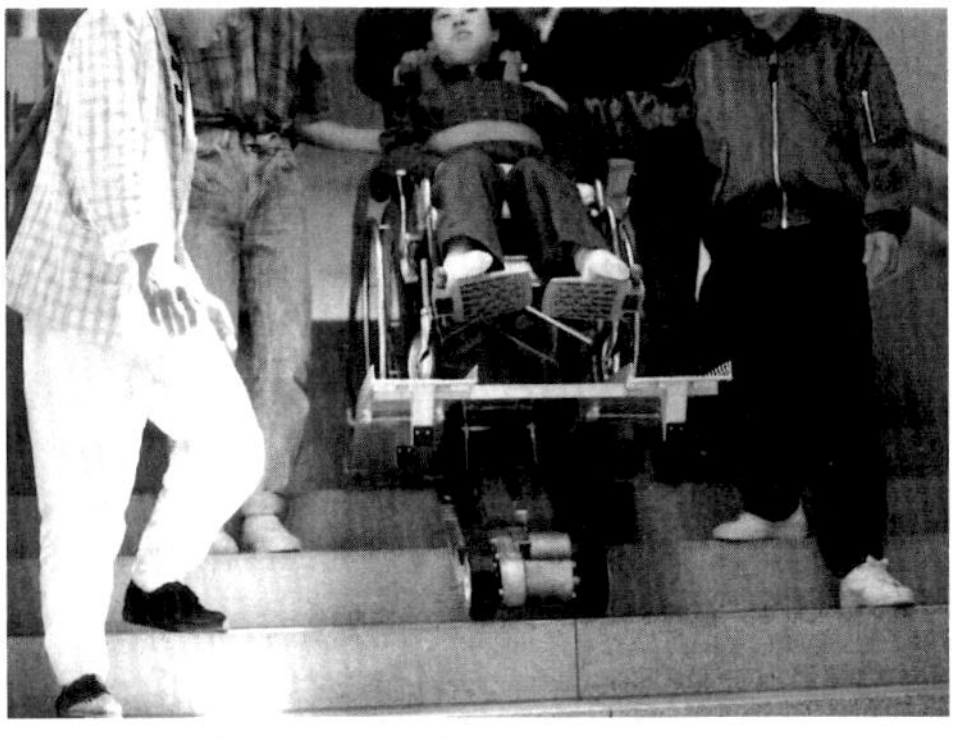

階段昇降機（ステアエイド）

もエレベーターが誕生した。

「エレベーターは天から降ってきたのか、あるいは地から湧いてきたんですかね？　この駅にはスペースがなく、構造上設置できないとおっしゃっていたはずですが⁉」

怒りと皮肉を込めて戸田が尋ねても、ノーコメントで苦笑いするしかない担当者だった。


西岐阜駅は１９８６年11月に開業することになった。オープン式典が迫ってくると、吉田の家には岐阜市役所の担当課の課長から連日電話がかかってきた。

「頼むから当日の式典には来ないでほしい！」

混乱を恐れてのことで、前日には上司の部長が吉田の家に来て土下座までして懇願したという。

吉田たちはもちろんそれには従わず、当日は仲間たち10人ほどが岐阜駅から乗車し、西岐阜駅に向かった。大垣駅からも太陽の会のメンバーたちが電車に乗り込んだ。戸田の記憶では岐阜駅では「どこへ行こうとしているのか」と聞かれ、職員が一人電車に乗り込んでついてきたという。

エレベーターのない西岐阜駅には、その日、吉田たちが電車に乗り降りするための「車いす持ち上げ係」が多数動員されていて、大きな騒ぎにはならなかった。そもそも式典を妨害するつもりなどはなかったのだが、吉田はというと、連日のすさまじい電話攻勢のおかげで神経をひどくやられてしまった。電話のベルが鳴るだけで心臓が高ぶり、揚げ句の果てには数日間、意識朦朧の状態に。たまたま、式典の少し後に太陽の会の仲間たちと電車を使って旅行に行くことがあったのだが、家に帰っても、どこへ行って何をしてきたかほとんど覚えていなかったという。

公共交通機関の使命をただす

1989年、「駅にエレベーターを。バスにリフトを」を合言葉に「誰もが使える交通機関を求める全国行動実行委員会」が結成され、以降毎年、全国統一行動が主要な都市で一斉に行われることになった。早々に参加を決めたつっかいぼうもチラシ配付や名古屋市などを含めた公共交通機関のチェック活動を展開。もちろん「主戦場」は、くだんのJR岐阜駅である。

同駅の高架化も含めた改築計画では、三基のエレベーターの設置が明らかにされていたが、ホームに上がる乗り口はいずれも改札の外という構造で、「管理上の理由」から入り口は施錠され、利用するには駅員に申し出る必要があった。

これに対し、吉田たちは、エレベーターの設置場所を改札の中に計画変更し、障害者も含め誰でも自由に利用できるよう申し入れたのだった。同じ年に開通した名古屋市の地下鉄桜通線には、そうした障害者らの声を取り入れ、改札内にエレベーターが設置されていた。

要望先の県と岐阜市からは、なしのつぶてで、業を煮やしたつっかいぼうの仲間たちは、翌年9月、岐阜駅前に、のぼり旗を立て「誰もが自由に使えるエレベーターの設置」を市民に訴える署名活動を開始した。初日は15人の車いすの仲間らが参加し、約150人分の署名を集めた。

活動はその年の暮れまで継続することとし、JR東海を加えた県知事・岐阜市長の3者に対し、エレベーターをはじめトイレ、改札などの構内施設に障害者への配慮を求める申し入れ書を提出することにした。

3者を代表し、県が回答書の説明につっかいぼうに出向いてきたのは暮れも押し詰まった12月17日。県の担当者からは、JR東海の意向としてホームの外という当初の計画を変更する考えがないことが伝えられた。その中では、今となってはその場しのぎとしか思えない、こんな「迷回答」も飛び出したという。

名古屋市営地下鉄の階段昇降機をチェック

ＪＲ東海はエレベーターの位置が改札の内でも外でも鍵を付けるという考えを持っている。その理由は管理上の問題・社の方針で、どうせ鍵をかけるのなら改札に近いところということになり、あの場所に決まった……。（傍点は編者）

それから3年たった1992年12月、ＪＲ岐阜駅に東海道線下りホームが完成した。実際にエレベーターは整備され、確かにその言葉通り2階のそこそこ「改札に近い」ところが乗り口である。そして、当初案そのままエレベーターを使って階上にあるプラットホームに行くには、このような手順を踏まなければならなかった。

1、エレベーターの扉横にあるインターホンで駅員を呼ぶ
2、駅員が来たら切符を渡し改札してきてもらう
3、戻ってきた駅員がエレベーターの鍵をあけ、利用者が乗り込む

スピードを競い合うのが商売の鉄道会社にしては、なんとも面倒のかかることである。エレベーター利用者は別のプラットホームの電車への乗り換えなどの際、これを繰り返すことになる。当然のことながら妊婦や重い荷物を持つ利用者などからは疑問や不満の声が続出した。先のバリアフリー新法が施行されると、国からも同法の基準に適していないとして改善を求められた。

ところが、なんら手が打たれることもなく時ばかりが過ぎていき、JR東海が重い腰を上げて改札内エレベーターの工事に着手したのは、駅ビル完成から30年近くたった2020年のことである。供用開始は、その3年後の2023年度末になるという。

吉田は岐阜新聞の連載コラム「素描」(2015年9月25日付)にこのような文章を寄せている。

エレベーターを利用したいという人は車いすの身体障害者とは限らない。お年寄り、内部に障害のある人、妊婦、ベビーカーを押す人、大きな荷物を持つ人……。どの人も階段の上り下りはとてもきついはず。だが、利用を申し込む人はどのくらいあるだろう。エレベーターの存在や利用方法もどれだけの人に知られているだろう。

　階段の利用に不便さや辛さがあっても、鍵がかかっていては障害者専用のようで（利用の）申し込みはできないという声を耳にする。（中略）専用の設備で対応することは、利用者が特別な存在だという意識を植え付けてしまう。常に「共に」という発想が大切である。

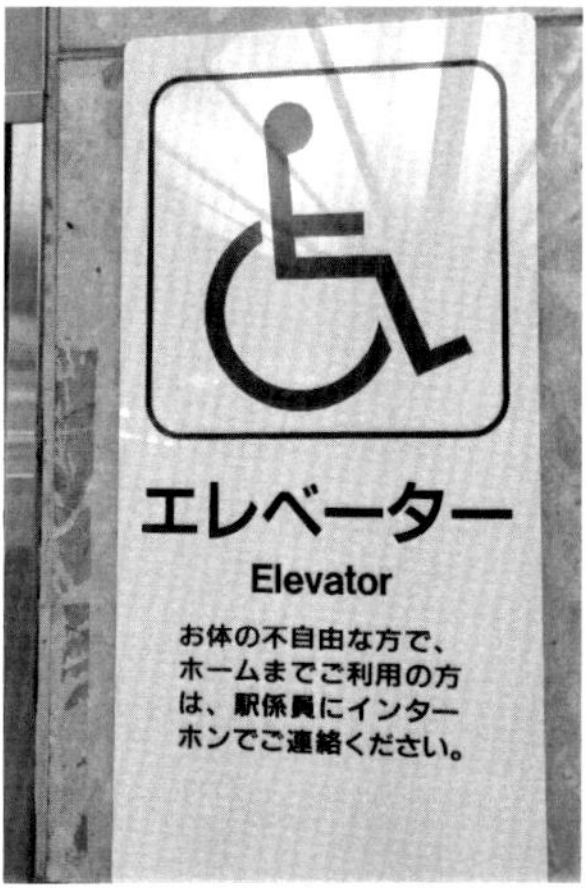

JR岐阜駅のエレベーター脇にある注意書き

問題のエレベーターの入り口には、現在（2022年時点）も車いすマークの使い方のマニュアルが大書されているが、その中にはこんなコメントがある。「係員不在の場合にはしばらくお待ちいただくことがございますので、あらかじめご了承ください」

JR岐阜駅は高架化完了以降、複合商業施設「アクティブG」をはじめとする再開発が進み、あか抜けた駅前には黄金色に輝く織田信長の像が屹立し、偉容を見せつけている。

しかし、ここ岐阜の地に、かの「楽市楽座」を敷き、交通や商売の自由を督励した信長様のこと。きっと「乗り遅れたらどうする！　エレベーターくらい早く自由に使えるようにせんか！」と怒り嘆いているに違いない――。

JR岐阜駅を見下ろす「信長像」

電車よりもさらに身近な足であるバスについても触れておこう。
リフト付きバスは、岐阜県内では1994年に岐阜市で運行が開始された。ただし台数不足や車内の構造などの「障害」があり、健常者のようにはふつうに利用することはできなかった。導入から3カ月ほどたって岐阜市の交通部と行われた話し合いでは、運用をめぐりこんなやりとりがあった。

〈交通部〉

リフト付きバスは（車いすの利用者がいると）時間がかかるので、次のバスに乗るという声が一般乗客から上がってきている。3台乗車の所要時間は15分もかかってしまう。

〈つっかいぼう〉

そんな言い方をされたら、障害者の人はバスを使えないですよ!! 一般の人に迷惑をかけるから乗るなといっていることと同じ。それに、一般の乗客の方には選択の余地があります。リフト付きバスを1台見送っても、市内を循環するバスは他にも多くあり、特に決定的に困るということはないですね。電動車いすの者が1台リフト付きバスを見送るってことは、1時間以上も次のバスを待っているということになります。4時台のバスが最終で、1日に

6本しか利用できるバスがありません。

チェック活動に加わったつっかいぼうの仲間たちからも、こんな悲痛な声が上がっていた。

「バス停で待っていたが、行ってしまい乗せてもらえなかった」

「3人で乗ろうとしたのに、車いす用の乗車スペースが2台分しかないと言われ、一人は乗れずに置いてきぼりを食った」

「たかがバスに乗る程度のことでこんな状況に追い込まれるとは、何と悲しい、悔しい、あほらしい！」

せっかくのリフト付きバスだったが、何人もがこのような惨めな目に遭い、あらためて障害者差別の現実を突きつけられた思いだった。

リフト付きバスの到着を親切に教えてくれる市民もいたし、時には車いすの客が3人乗車しようとしているのに気がついて、切符を売る職員が安全確保要員としてわざわざ乗り込んでくれたこともあった。3台乗車が可能になるような車内の改修もこの話し合いの後、すぐさま実行に移された。

ただ、そのような「善良な」市民らの気遣いや小手先の改善だけでは、車いすの障害者は、広範な「移動の自由」を享受するべくもない。交通のバリアフリー化を実現する抜本的な改革は待ったなしだった。


「高齢者、身体障害者等の公共交通機関を利用した移動の円滑化の促進に関する法律」＝「交通バリアフリー法」が施行されたのは2000年のこと。この法律には駅構内のエレベーターやエスカレーターの設置および車両のバリアフリー化などの推進がうたわれ、これ以降、交通機関はもとより公共施設、さらには大勢の人が出入りする民間の商業施設から個人の住宅に至るまで社会全般に波及することとなった。

ただし、バスについては、スロープを付ければ車いすでも乗降可能なノンステップバスなども含めても、駅などの構造物に比較するとその普及のスピードは遅い。

国の資料によると、2018年度末のバスのバリアフリー化は、乗合バスの場合、ノンステップバスが約46％、リフト付きバスは1・4％となっているが、ほとんどのバスが車いすで乗り込める米国などの国々のことを思うとまだまだ見劣りすることは否めない。

東京五輪・パラリンピックが予定されていた2020年のある新聞記事は、選手らの移動用にリフト付き観光バスを国内中からかき集めるため、その時期の一般の観光ツアーに支障が出る可能性を指摘していた。

リフト付きバス

つっかいぼう

障害者福祉の転換

移動の自由を確保するため公共交通のアクセス問題に取り組む一方、吉田たちが着手し始めたのは、自分たちの存在意義にもかかわるテーマとして掲げていた「施設ではなく地域でふつうに暮らす」ための活動だった。そのために、無償の公的ヘルパー制度の充実と24時間介護の実現を訴えていた。

外に目を向けると、１９５０年代にデンマークで生まれた「ノーマライゼーション」の思想が日本にも広まり始めていた。同国は福祉先進国が多い北欧の国の一つだが、戦後間もないころは、他の国と同様、障害者福祉の柱は大規模施設への入所だった。そうした施設入所者の劣悪な生活実態を目の当たりにした社会省の行政官バンク・ミケルセンという福祉担当者が処遇改善を訴えたのがノーマライゼーションの始まりである。

その意図するところは、「障害者に、すべての人がもつ通常の生活を送る権利を可能な限り保障することを目標に社会福祉をすすめること」（大辞林　第三版）、であり、障害のある人々のためにできうる限り、ふつうの生活条件を創造する「責任」が社会にはあるとした。

ノーマライゼーションは1981年、「完全参加と平等」をスローガンに国際連合がこの年を「国際障害者年」とする決議をして以降、そのバックボーンとなる理念として世界中に広まった。翌々年の1983年から10年間は、「国連・障害者の10年」と定められ、各国において「完全参加と平等」の実現に向けた取り組みがなされた。障害者に対する一切の差別的扱いを禁止し、画期的な法律と評された「障害を持つアメリカ人法」が制定されたのもこの間の1980年である。

障害者が健常者のようにふつうで当たり前の生活を送る権利に「市民権」を与えた「完全参加と平等」は、一般社会からは過激とみなされることもあった青い芝の会や全障連の主張に響き合うもので、十分に大胆かつ踏み込んだスローガンだった。日本でも新聞などのマスコミでも大々的に報道され、当事者はもちろんのこと、一般市民にも大きなインパクトを与えて、その後の福祉施策に一定の影響を及ぼした。

一般社会における意識の面では、これ以降、最低限建前上であろうとも、障害者がふつうに生きる権利を訴えることは、「図々しい」ことでも、「跳ね上がった」ことでもなくなった。障害者が地域でふつうに暮らすことは、世の中全体が肯定し、支援すべき「歴史の必然」に組み込まれたのである。


理想と現実はその内実が背反しながらも、たまたま時間軸が重なり外形的な一致を見ることがある。

戦後復興を果たした1950年代半ば以降、日本は急速な高度経済成長を遂げ、労働力の確保のため大都市圏へ働き手を囲い込んだ。核家族の共働き家庭が増える中、障害児・者のいる家族の「負担」を軽減するため、多くの入所施設がつくられ、障害児・者はそこを生活の場とした。山を切り開くなどしてつくった広大な敷地に大規模施設を建設し、最大1000人にも及ぶ入所者を収容した「コロニー」は、その象徴的存在である。

ところが、1970年代前半の「オイルショック」は成長を鈍化させ、たまたま同時期に国がぶち上げたせっかくの「福祉元年」も頓挫。手厚くなった福祉予算の伸びはまたたく間に失速した。一方、景気低迷に伴う雇用の減少は、女性の社会進出の流れに待ったをかけた。

コストのかかる「施設」から「主婦」などの家族らが面倒をみる「在宅」へ。偶然としかいいようのないタイミングで、まさに国際障害者年が宣言された1981年とほぼ同時期に「日本型福祉社会」の名の下、わが国の福祉政策は施設収容主義から舵を切った。1960年代後半から始まったコロニーの整備ラッシュが10年ほどで尻すぼみとなったことは、その象徴的な出来事の一つである。

コロニー政策の縮小は、福祉コストの削減という行政側の消極的な理由にもよるが、その一方で全障連などの障害者団体による「収容施設」批判やノーマライゼーションの浸透に伴う「脱施設化」の世論が勢いづき、それに応えざるを得なかったという側面も当然ある。コロニーの多くが都市部ではなく郊外の辺鄙《へんぴ》なところにつくられていたことから、「障害者を一般社会から切り離し隔離するもの」と、疑問視する声が高まっていたのである。

地域でふつうに暮らすことを目指す吉田たちの活動は、施設中心型福祉から地域福祉型へという時代の流れと見かけ上、軌を一にしていた。ただし、国家財政の逼迫のしわ寄せとしての「家族福祉」と彼らの求める「自立生活」は、〈施設 ― 地域〉という対立軸とは異なる座標で真逆であり、障害者自立運動は引き続き自力で自らの地平を切り開いていかなければならなかった。

「筋ジス」の仲間

1980年代の半ば、吉田たちが交通アクセスの問題に取り組み始めたころ、新たに加わった仲間の一人に高橋徹がいた。

年齢は吉田の3つ下の20代後半で、「七三」に分けたヘアスタイルが似合い、身なりもきっちりした「好青年」である。京都生まれで、10代のときに筋肉の力が徐々に衰えていく進行性筋ジストロフィー症と診断されて以降、ずっとその病気専門の病棟がある岐阜市の国立長良病院（現国立病院機構長良センター）に入院していた。

当時、同病院からは何人かが吉田たちの輪に加わっていたが、高橋はその「第一期生」だった。

言葉遣いや物腰は柔らかく人柄も温厚そのものように見えて、その実、決して信念を曲げない一途なところがあり、長良病院の仲間内ではリーダー格と目されていた。外部との交流活動にも熱心で、病院内の患者でつくる「サンライズ」というバンドに加わり公演活動を行うなど、電動車いすを乗りこなして人的ネットワークを広げていた。

高橋を支える仲間たち（前列右端が本人、中央が吉田）

吉田たちと知り合いになったのは、出入りしていた大学生のボランティアのつながりがきっかけで、以降、障害者とボランティアで行うキャンプの実行委員を務めたり、仲間の溜まり場となっていた吉田の自宅に泊まり込んだりして徐々に付き合いを深めていった。吉田や戸田には、早くから胸に秘めていた自立生活への希望を打ち明けていた。

長良病院には高橋と常に行動を共にしていた村瀬普という仲間がいた。彼は「病院のような施設の外にも自分たちの世界が欲しい、あって良いはずだ」と熱く訴え続け、吉田たちの活動に施設障害者の思いを加えていた。

そして自ら新しい地平を切り開こうと、同病院職員の女性との結婚を決めた。退院後に住む障害者用住宅も早々と選び、仲間たちの祝福を一身に受けて自由と未来が待つ新しい生活を迎えるばかりだった。ところが、あと一歩というところで筋ジストロフィーの急速な進行により命を失った。

あまりにも無慈悲な結末だった。

周りの仲間たちが悲嘆に暮れる中、最も親しい友人であり同志であった高橋は、悲しみの淵に沈み、もがき苦しんだ末、一大決心をした、それは村瀬の意思を継ぎ、二人が住むはずであった住居で自らが自立生活をすることだった。

この決意の底には外出機会が増え、さまざまな人との出会いやいろいろな活動への参加が増えるにつれ、病院での日々の生活や規則、職員の言動、それら一つ一つが気になり、耐えがたくなっていたこともあった。

高橋はさっそく吉田たちのもとを訪ねた。

自立生活に挑む重度障害者たち

これまでにも何度か使ってきたが、吉田たちのいう「自立生活」とは、収入面も含め自分一人の力で一本立ちするという、世間一般がいうところの自立した生活を意味するのではない。

そもそも重度障害者は、身の回りのこと全般に関し本人ができることはそう多くはない。人の力を借り、時間を割いてもらわない限りふつうの暮らしを維持することは不可能である。

では、何をもって自立生活かというと、外形的には親や施設から自立した生活を指すことはいうまでもないが、自分自身が自らの生活の主体として行動を決定し選び取っていくことに最も重きを置く。

それゆえ、手足が全て不自由な障害者であっても、例えば視線や目、まぶたの動きでパソコンに指示や頼み事を入力し、自らの意思を介助者に伝え能動的な生活を送るような場合は、自立していることになる。逆に身体の自由度は高くても、福祉施設のようなところでお仕着せの生活を強いられているとすれば、それは自立生活とはいえない。

このような自立生活は、障害者単独で成し遂げ、維持・継続できるものではない。このため、公的な保障や支援が確立されていない時代においては、周囲の人々や地域、行政などに働きかけ、それらを巻き込む「運動」のような形を取らざるを得なかった。

1960年代に米国で生まれた障害者の「自立生活運動」は、日本にも伝わり、東京や大阪などの大都市を中心に、家や施設を出てアパートなどで暮らす重度障害者が少しずつ現れ始めていた。

ただし、当時は自己負担のない「公的ヘルパー」にはほとんど頼ることができず、24時間の介助が必要な重度障害者が自立生活を送るには、30〜40人程度のボランティアの支援が不可欠だった。岐阜のような地方都市ではそのボランティアの核となる大学生の絶対数が少ないこともあり、「とうてい無理」というのが大方の見立てであった。

しかし、長良病院を出たいという高橋の決心は固く、しかも実家で「面倒」をみてもらう家族介護の道を選ぶつもりはさらさらなかった。両親は飛騨で健在だったが、その年代のふつうの成人の多くがそうであるような「一人暮らし」を選択したのである。

高橋と吉田をはじめとする仲間たちは、彼の自立生活の支援体制をどうやって構築するか頻繁に集まり話し合いを続けた。

「親戚の叔父さん、以前から通っているキリスト教会の友人、岐阜大学障害児研究会の学生さん、病院でお世話になっている看護師さん、そしてつっかいぼうの仲間……。ぎりぎりやけど、何とかなりそうやな」

一人一人の顔を思い浮かべながら、介助に加わってくれそうな人たちを指折り数える高橋だった。

1986年、岐阜県における重度障害者の自立生活の草分けの一人、高橋の新たな暮らしが始まった。利用料が要らない公的ヘルパーの派遣は、まだ週に2時間しか認められていなかったため、当初は支援者がボランティアで代わるサポートに入った。昼間は食事や買い物、夜間は寝返りや入浴などの手助けをする介助が中心だ。

介助者全員がほぼ初めて経験する重度障害者の自立生活の支援であり、高橋と介助者たちとはたびたび話し合いを行い、それには吉田たちも加わった。

「介助者のご飯代は、どうなる?」

まだまだ、障害者とボランティアの対等な関係性が構築されておらず、どちらも従来の「慈善活動」の与え手と受け手のような意識を払拭することができていなかった。

「なんか、自分でつくってお金を払うというのは変な感じがする」

「それは特にもらわなくていいですよ」

高橋は、気を使わせて申しわけないというような表情でこう発言した。

「それはアカン！　ボランティアも高橋君とこへ来たくて来とるんやから、払うのが当然。友達同士の割り勘みたいなもんや！」

戸田の「鶴の一声」で高橋の家には貯金箱のようなものが置かれ、ボランティアは一食につき決まった金額を入れることになった。

大学で専門的な教育を受けている学生などは別として、こうしたボランティアのあり方や障害者に対する接し方、マナーのようなものも当時はまだまだ社会的に浸透していなかった。

例えば介助をめぐってはこんなこともあった。

公共交通機関のアクセス問題をはじめとするつっかいぼうの取り組みが新聞などで取り上げられるようになったある日、吉田は地元の放送局の取材を受けた。車いすの障害者がバスに乗ろうとすると、どのような困難があるかを実際の路線バスで検証してみようという企画だった。

そのころはまだ車いす用のスロープなどが備わっていなくて、取材当日は乗車拒否されたりもした。止まってくれたバスへの乗車は、中にいる乗客に車いすごとつり上げてもらって、やっとのことで乗り込むことができた。

番組的には、その不自由さや難儀さを訴えるに十分な取材となったようだが、たまたま付き添いに来ていた介助者が近くにいなかったとき、車いすから取材車のシートに男性のスタッフが吉田を抱きかかえて乗せたところ、番組収録終了後、そのことについて吉田からクレームがあった。

そのスタッフは「好意で手伝おうとしたのに?」と腑に落ちない様子だった。

すると吉田は、「夫婦や恋人同士でもないのに、体に触れられたら嫌じゃないですか。あなたたち健常者でもそうでしょう。それは障害者でも同じ。男女間のごくふつうのマナーは、健常者も障害者も区別はないはずですよね」と「異性介助」をきっぱりと否定した。

高橋の自立生活は、ボランティア探しに四苦八苦する毎日だったが、なんとかやりくりし大過なく日々を過ごすことができた。

介助者の中には高橋と同じキリスト教の信者で、5年ほど前から顔見知りの女性水野なぎさもいた。彼女は自立生活を始めた当初からボランティアとして加わっていて、一緒の時間を過ごす間にさらに親しくなった。

1989年4月、彼女の両親の猛反対を押し切って二人は結婚。その後も体力が必要な入浴などには男性の介助

晴れて結ばれた二人

者の手が必要なため、何人かのボランティアや岐阜市からのヘルパーが出入りしながらの生活が続いた。
結婚した当時の暮らしぶりを高橋は、のちにつっかいぼうの機関誌「つっかいぼう通信（１９８９年12月16日発行）以降「通信」と表記）に記している。

家内の立場から言うと、掃除、洗濯、食事に加えて私の24時間介助があるので、肉体的な疲労が精神面に影響することも事実で過労のあまり、時々寝込むことがあります。
そんなとき、私がしっかりせねばと気を張るのですが「しんどい」と言っている家内の背中をさすってやることもできず、一緒に寝込んでいます。（中略）
結婚して良かったことは、誰に気兼ねすることなく、自分をさらけ出して生活できるということではないかと思います。
私の場合、病院に17年間いたという経験や退院後の生活では、いつも緊張感がありました。

みんなの「場」をつくろう

公共交通アクセス問題や高橋の自立生活の準備・支援をめぐり、吉田たちはメンバーの自宅や公共施設の会議室などで頻繁に集まり学習会を行った。どんな組織でも言えることだろうが、表だった公的な場における話し合いと同じか、あるいはそれ以上に、私的な会話を交わす中でのコミュニケーションは大切で意味のあるものである。吉田は自分自身も含め、「集まっていろんな話をすること」による仲間たちの心や気持ちの変化に気がついていた。

会議や作業の後から始まる雑談の時間が、みんなの中でとても貴重になってきていた。

愚痴や不満、悩みが話の中心となるのだが、その中でみんな、家族や施設から同じような扱いを受けて生活し、同じように腹を立てたり、いじけたり、抵抗したりしていることを知った。そして、そのことが誰にとってもホッとしたり、おかしかったり、悲しかったり、憤りになったりした。

けれども、同じ事柄や問題を抱えていても、その人の考え方や立ち向かい方で全く成り行きの違い（自分自身や生活をより広がったものにするか、引きこもったものにしてしまうのか）があることを知った。

障害者である私たちにとっては、日々自分をなくしてしまいたくなるようなことがいろいろとある。あれこれ考えて少しでも気を取り直し、人間らしく生きたいと思う中にあって、このような話し合いが何よりも支えになった。そして、もっとこういう場所を持ちたいと願うようになってきたのだ。

（1988年11月15日発行「通信」創刊号）

学習会が回を重ね、頻度も増すにつれ、時間的な制約や利用料の問題がのしかかってきた。さらには場所を提供してくれる家族への気遣いなどが息苦しくなって、「自由に気兼ねなく集まれる自分たちの『場』が欲しい」という声が誰からともなく聞かれるようになった。メンバーも増え、固定化してきて一つの組織らしい集まりになってきたことから、吉田や戸田も、そろそろ本拠地を確保しようかという気持ちに傾き始めていた。

場をつくるにあたって目的をもっと明確にすること（何のために場が欲しいのか）や、なぜつくらなければならないのか、それをどのように利用したいか、そこでどんなことをするのか、運営は、お金は、介護は、などについて話し会った。

一人一人が自分の生活について話す中で、自分たちは生きているというよりも生かされているのを確認し、本当はどうしたいのかを求めていった。

その結果、私たちの目指すものは「逃げの場」ではなく、「逃げたい現実を変える場」であることであり、自立を考え、そのための実現の場にしようという認識も見えてきた。

（「通信」創刊号）

1986年の夏、何度も重ねてきた話し合いの結果、独自の「場」をつくることが決まった。「場」に期待したのは、家や施設を離れて息抜きに来ることができ、気楽に集まって仲間と心ゆくまで話すことのできる「たまり場」のような機能。加えて炊事など、自立生活のために必要な「社会的生活力」を身につけるトレーニングセンターとしての役割だった。

「地域で暮らす」という自分たちのモットーに忠実に、物件は岐阜市の街中や住宅街で探すことにした。

とはいっても事はそう簡単には進まない。条件にピッタリの物件を見つけて現地を訪ね、もう一歩で契約というところまでこぎ着けながら、「隣近所の住人の手前、不特定多数の障害者が出入りしてもらっては……」と大家に手のひら返しされたこともあった。

その年の秋に岐阜市で開催された「東海障害者交流集会」の準備などのため、物件探しや定例の学習会は一時中断。せっかく盛り上がった機運は、実現が遠のくにつれ少しずつ冷えこみつつあった。久しぶりに開いた学習会の議論も煮詰まってしまい、「場」の目的や必要性がともすれば見失われがちになった。

――今のままではいけないと思いつつも、このままでもなんとかなりそうな気もする。将来を変えるのは恐ろしく、勇気が要る。

そんな消極的な空気が全員に蔓延《まんえん》し始めていた。


翌88年2月のある日、吉田の自宅の電話が鳴った。

「家見つけたよ」。

「エッ、本当? ありがとう! でも、先を越された。ガーン!」

心底うれしい驚きと同時に、諦めムードに流されていた自分に鉄槌が下されたような感覚だった。

受話器の向こうの相手は、花村美智子だった。

吉田たちが目星を付けていた岐阜市内長良地域にある不動産業者に片っ端から電話をかけまくり、条件に合う借家を見つけ出したのである。

彼女の突然の家探しの原因は、父親の体の不調だった。親が自分を介護できなくなったとき、自分の生活はどうなるのか（自分はどうしたらいいのか）が、現実の問題として目の前に出現したからであった。彼女にはとっさに「家を出て自立生活がしたい。その準備のためにも、とにかく場をつくる。だから家を探す」の図式が頭に浮かんだというのだった。

この間の学習会などの動きの中から、親亡き後の生活を従来の兄弟姉妹という家族や施設に求めず、全く別のあり方を考え、求め、実行に移したのである。今までの積み重ねが決して無駄ではなかったことが本当にうれしかった。

（「通信」創刊号）

自分たちの迷いや逡巡を吹き飛ばしてくれた救世主は、つっかいぼうでこれまで活動を共にしてきた最も身近な仲間の中から生まれた。

――「場」はみんなの絆をさらに深め、花村さんのような仲間をどんどん増やしてくれるはず！

吉田の中で揺らぎかけていた願望は確信に変わった。それと同時に、自分も含めもう若くはなく、自立生活のスタートをぐずぐずしている猶予はないという現実を突きつけられた思いだった。

「つっかいぼうの家」誕生

本書冒頭で紹介した一軒家が苦労の末に手に入れた「場」である。

1988年3月、待望の「障害者自立センターつっかいぼうの家」が誕生した。場所は山奥でも辺鄙《へんぴ》なところでもなく、路線バスの便がたくさんあり、停留所からは徒歩5分という交通至便の住宅地、岐阜市長良有明町である。

建物はお世辞にも立派とは言えず、思ったより以上に古かった。しかし、いわゆる「昔の家」のため、庭付きで結構広く、ぜいたくな間取りで6畳の部屋が4部屋もある。さらに、コピー機や車いす置き場などに使える小部屋が数室、トイレは二つ、シャワー付きの風呂場も備えられていた。部屋の間仕切りとなるふすまを取っ払えば広いスペースができて、ちょっとした集会や作業をする場として使え、雑魚寝なら大勢の宿泊も十分可能だった。

元々は普通の民家だったので、玄関は狭くて段差もあり車いすでの出入りは不自由だった。そこで、大工をしている吉田のお父さんが登場。庭に面した縁側を張り替え、もう一つ玄関をつくって車いすから降りるとすぐに部屋に入ることができるよう改造された。

つっかいぼうの創立メンバーは総勢約30人。ボランティアら支援者は200人を数え、初代の代表には戸田二郎が就いた。障害を個性とみる考え方からしても、そして言葉の従来の意味においても「個性豊かな」面々ぞろい。吉田と同世代の30歳前後が主力で、さまざまな障害がありながらも現状に甘んじることなく、施設や自宅などから出てつっかいぼうの家に集うことに希望を見出そ

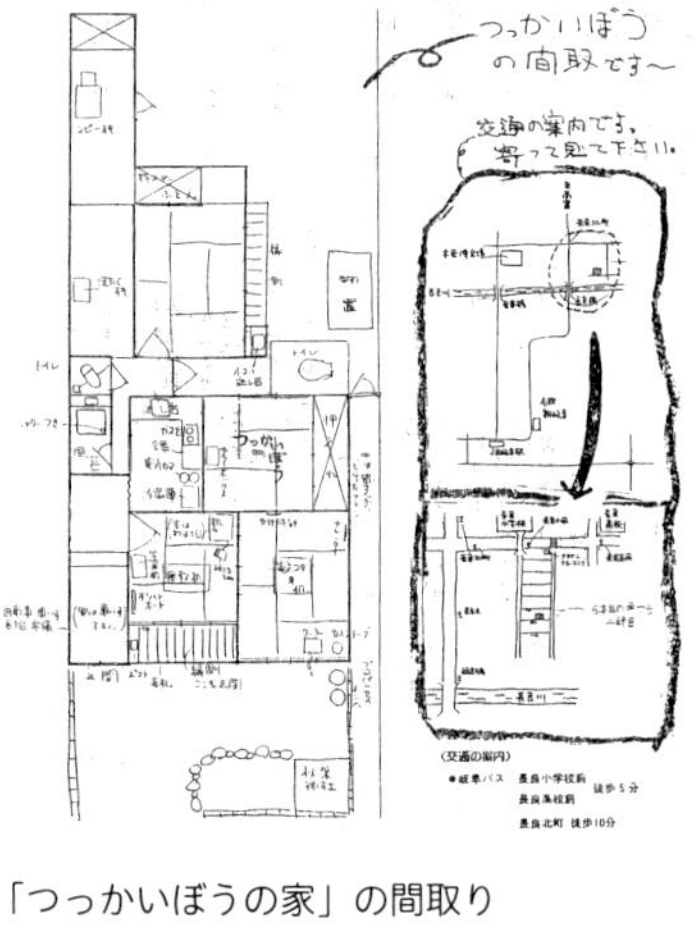

「つっかいぼうの家」の間取り

うとしていた。

　週末は「合宿」と称し、学生や社会人のボランティアの手を借りて、1泊2日で泊まり込み学習会を行い、毎回大勢が参加した。

　最初は背筋を伸ばし、口角泡を飛ばして激論を交わし合い、その内に夜が更けてくると一人また一人と睡魔に負けて「撃沈」。だだっ広い畳の部屋は「ごろ寝」の仲間たちで埋まり、最後に残るは、ひじ枕で横になりながら持論をぶち続ける戸田、恐れを知らない討論相手、そして、しっかり付き合う吉田……。

　こんな場面が何度も繰り返される中、当初から最も時間をかけて話し合われたのは「自立とは何か」というつっかいぼうの存在そのものに関わるテーマだった。

つっかいぼうの家

「自立」はほとんどの仲間がいまだ経験していないため、なんとなくイメージできても、一人一人の意識は前に進んだり後戻りしたりし、全員の確固としたコンセンサスにはなっていなかった。吉田や戸田が身につけていた考え方は、ずっと活動を共にする中で言葉の端々から、それなりに仲間たちに伝わってはいた。とは言っても、それぞれの「自立観」はまちまちで話し合えば合うほどまとまらず、そのうちには議論が真っ二つに割れていった。

吉田は『つっかいぼう25周年記念誌　地域で暮らすことを求めて』(2014年3月発行、以降『記念誌』と表記) の中でこのように記している。

つっかいぼうの家での話し合い

重度の障害を持つ者にとっては何をするにも「介護」は切り離せず、「人の手を介しての自立」と「人の手は借りず（借りてもそれは最小）自分でやることが自立である」という二つの自立観があった。

後者は一人では調理ができないなら、たとえば納豆や冷奴を食べるとか自分だけで何とかなるものを食べるのだと主張していた。つまり、自分の力でできることは時間をかけてでも自分でやり、どうしても必要なことだけ最小限手伝ってもらう。自分一人でできる範囲の中でできる限りの自立をする、たとえば家の中でだけとか、午前中使ってでも一人で歯を磨くとか、自分を律して生きるということが言いたいのだ。

反論する人は、いくら簡単な食事の準備でも自分ではできない。自分には納豆を練ることも豆腐を買いに行くこともできない。トイレも着替えも何もできない。その考え方では何もせずにじっとしているしかない。ましてや一人暮らしなど絶対にできない。自分で何もできない人間は自立できないのか。

二人の重度の脳性麻痺者の意見が対立していた。

その他の障害者たちも、それぞれが自分の障害のある現実と生活への夢を心に描いて話し合いに加わり、それが何回も続いた。障害を持つ私たちにとって、「障害」があっても自己否定しない自分に変わる大切な時間だった。同席した健常者は聞き入り、障害者たちの障害や自立に対する想いと願いを共有していく時間だった。

夜が更けるまで時間のたつのも忘れて何度も話し会った結果、最終的には「人の手を介して自分の思う生活をする」という吉田や戸田の考えに賛同する仲間が多数を占めた。

当夜以降、その自立観は、つっかいぼうの活動の揺るがぬ道標《みちしるべ》となった。泊まり込み学習会は、この道標を頼りに仲間たち一人一人が歩みを進める実体験の場にもなった。

1泊2日、つっかいぼうで過ごすことは、自分で交通手段を選び、利用し、献立を考え、買い物に行き、調理の指示などをしたりすること。ふだんなら何も頼まなくても家族や施設の職員がやってくれていることを自らが主体となって組み立てることだった。

そして、この模擬自立生活の中で、介助者のボランティアとの会話のやりとりやふれあいを通じて一対一の人間関係をつくりあげると同時に、実社会の経験を積み重ねて、他者との付き合い方を会得することを目指した。

つっかいぼうの家が当初定期的に利用されたのは、主にこうした学習会と機関誌「つっかいぼう通信」の発行だった。

本書でたびたび記事が登場する同通信は、1988年11月に創刊。以降、滑り出しから数年間は1～2カ月に1回というハイペースで毎回300部ほど発行し、会員や賛助会員に届けられた。

内容は交通アクセス問題をめぐる当局とのやりとりなどの「ニュー

1989年1月10日付「つっかいぼう通信」

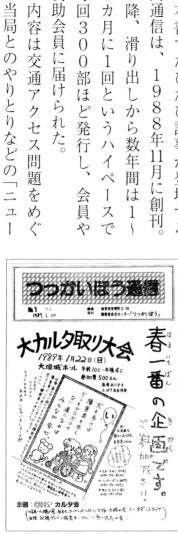

ス」やお知らせ、仲間の近況・手記など盛りだくさんで、多いときはＡ４サイズ22ページにも及んだ。

「つっかいぼう通信」には、それぞれが家や施設で置かれている現状をありのまま打ち明けた原稿も数多く掲載されている。

今、入っている施設は、人も寄りつかない山の中の「姥捨て山」的なところにあって交通の便も悪いです。

入浴のときに異性介護があることを知らずに入所したので、初めてのときは、どうして男の介護員も寮母さんに混じって洗うのか不思議だった。驚いたのは家のお父さんにも裸は見られたくないのに、一人か二人、また重度の人たちの特浴だと３人の男の職員が入るのです。

食事の介護では、おかずや汁物のあるときは、ご飯に汁を一緒にまぜ、ないときはお茶を一緒に混ぜて食べさせています。私は豚も食わない飯だと思う。止めてほしい。

Ｙ子

障害を持つ一人一人に聞いてみたところ、私たちだけに共通する点もたくさんありました。それは誰もが人間関係に乏しいこと。年はふつうに取っても親や兄弟から離れられないということ、そして障害を持つ仲間のほとんどが、一度は親から命を奪われようとしたことがあるということでした。それは悲しいことです。情けないことです。

どうして実の親から、お前は幸せになれないだろう。だから死んだ方がいいと思われなければならないのでしょうか? そして自分がいなくなったらかわいそうだからと言われなければならないのでしょうか?

M子

忍びよる「優生保護法」の恐怖

この二つの体験談が語るように、当時はまだまだ、障害者の人権に対する意識が極めて希薄で、差別的な接し方やその存在を貶める風潮が世間にはびこっていた。

「優生保護法」が大手を振ってまかり通っていた時代である。

国からして、「優生上の見地から、不良な子孫の出生を防止するとともに、母性の生命・健康を保護することを目的とする」とうたってはばからず、障害者が子どもをつくれなくする中絶や断種手術を半ば強制的に行うことを許していた。

人権云々以前のこの悪法がようやくのことで廃止されたのは1996年。つまり、つっかいぼうが産声を挙げて以降も10年近く優生手術は合法とされていたのである。その被害にあったのは、分かっているだけでも、全国でのべ2万5000人に上り、このうち1万6000人近くは強制されたりだまされたりした人たちで、本人の同意はなかったとされている。

つっかいぼうの仲間うちでも、事実、そのような危険にさらされかけた者が何人もいた。

岐阜市内の施設入所者は、「子宮を摘出すると、生理がなくなるから面倒がない」などと職員に声をかけられたという。

施設の中には、「これからは入所の条件に不妊手術が……」などという風評が広がっていたところもあった。

大垣市の障害者団体のメンバーの一人も同様の「処置」を勧められたことがあった。その女性は後年結婚し、子どもを授かった。

「もし言われた通りにしていたら、私の子はこの世にいない……」

わが子が命拾いをしたこと、障害者差別に対する憤り、それらがないまぜとなった感情がこみ上げ、涙ながらに話してくれた。

それから長い年月がたった。その子どもはつつがなく育ち、自立した女性として暮らしを営んでいる。

そして、吉田の知り合いには実際に手術を受けた女性がいた。


子どものころ下呂市にあった整肢学園に入っていて、そこで一緒だったかなり年が上の先輩です。相当ぽっちゃりした体型の方でしたが、私が中学生くらいのときに、ばったり出会ったときはやせて男の人のようにゴツゴツした感じになってしまっていて、びっくりしました。ホルモンの関係でそうなったのでしょうか。

一緒にいた親は彼女がその手術を受けたと話していました。何年かたって、その人の姉だという保健師の方に会う機会がありましたが、家族としてどうして反対しなかったのだろうか。仕事柄それがどういうことか重々わかっていそうなものなのに……と大変ショックを受けました。

旧優生保護法に違憲判決が下され、「優生思想」を明確に否定する司法判断が示されたのは、この法律が廃止されてから20年以上後の2019年。

損害賠償などを含めまだ全面的な解決には到っていないが、神戸地方裁判所は、その判決文に「現在も根強く存在する障害者への偏見や差別を解消するために積極的な施策が講じられることを期待したい」と記し、障害者差別の解消は国の責務であると断じた。

つっかいぼうの家の主《ぬし》

どんなグループや団体でもそうだが、集団の中には積極派人間がいれば、指示待ち人間もいる。陰日向《かげひなた》なく仕事をする「汗かき」がいれば、さぼりの名人がいたり、いつも斜に構えた態度を取る者などがいたりするものだ。

いろいろと個性的な仲間が集まったつっかいぼうの中にあって、「ムードメーカー」的な役割を務めていたのが「初代会計」の山内ゆきえとつっかいぼうの家探しの功労者花村美智子だ。

山内は吉田の幼なじみで、「山鳩の会」でも行動を共にしてきた古参メンバーだが、花村と吉田は「山鳩の会」が初対面である。

二人とも脳性マヒが原因で子どものころか

山内（左）と花村

ら車いすの生活を続け、会話はスムーズにはできない。

共通点はまだまだ他にもあり、年はほぼ同じですこぶる明るく、冗談を言ってはゲラゲラ笑う。外へ出掛けるのが大好き、違うのは見た目で、山内はやや小柄で縮れっ毛、花村は髪の毛はストレート、細身でスラっとしている。

そんな二人がそろうといつもにぎやかで、場がなごむ。生真面目でどちらかといえば堅物の吉田、そして少しおっかなそうな戸田のリーダーコンビと他のメンバーたちとの潤滑油になっていた。

花村は吉田たちと知り合うまでは、ほとんど家で過ごし、養護学校すら行っていない。多くの重度障害者と同様、「外の世界」を何も知らなかった。

30歳になるまでずっと家ばかりでした。幼稚園も小学校も中学にも、そして養護学校すら行っていません。ですから平仮名やカタカナ、漢字などは母から教わって今ではなんとか読めるようになりました。（中略）
「山鳩の会」に入って初めて友達とのつきあいを始めました。

最初はその人たちと話が合わなくてこの人たちは何を話しているのだろう、そして私はどうしてこの人たちについていけないのだろう。寂しくて情けなくて、悔しくて腹がたちました。（１９８８年11月15日発行「通信」）

吉田が初めて花村の自宅に行ったときのこと。連れだって外出しようとしたが、玄関の隅にあった彼女の車いすは、さび付いていて、なかなか開かなかったという。使われることもなく長い間畳んだままだったのだろう。そんな花村が親離れをして仲間たちと出会い、一気に自らを開花させた。

前述したようにつっかいぼうの家開設については、吉田や戸田よりも前のめりで最も熱心だった。週末の合宿が始まると、参加しているボランティアに積極的に声をかけて介助を頼み、宿泊日を一日また一日と増やしていった。最も近くにいて彼女の気持ちを理解し、応援していた吉田は当時の出来事をつい昨日のことのようにはっきりと覚えていた。

歩みは決して順調ではなく「障害者は家の中でおとなしくするもの、または、家族以外の人の手を借りるなど人に迷惑をかけてはいけない」といった、どの障害者もいつも言われる、つまりは多くの人が持つ障害者観と同じ考えの家族の反対があった。

何度かの短期の自立体験の後、苦労して協力者を募り、やっと1カ月の体験の計画を立てても、家族の大反対に遭い一時は家から出してもらえない事態があった。

しかし、家族の生活に合わせて生きるのではなく、自分の生活がしたい。自分の介護に縛られている家族を自由にしてやりたいという思いは強く、実力行使を含め家族への説得を行いながら、カレンダーやパンの販売の仕事を理由につっかいぼうに通い、宿泊の日数を伸ばしていった。

その間、少しずつ持っていく着替えや身の回りの物を選び、つっかいぼうのメンバーを交えての家族との話し合いの後、1992年、作業所のオープンを前に住まいをつっかいぼうに移した。

住民票がまだ羽島市の実家にあったため、ヘルパーは使えず、つっかいぼうに関わるメンバーを中心に、その友人や知人など約30〜40名の人がボランティアとして生活を支えた。1日2〜3回、2〜3時間ずつトイレ、着替え、洗面、調理、食事、洗濯、掃除、書類の整理等、生活する上で必要最低限の介助を受けながらの一人暮らしであった。

30〜40名の協力者を募ること、一人一人の都合を聞き介助ローテーションを作り生活を継続させることには、想像を絶する努力が要った。翌月の介助の予定を埋めるため、不自由な手で全身の力を使って毎晩、毎晩2〜3時間、電話をかける姿が目に焼き付いている。

介助者が決まらなければ、その日はトイレも行けず食事もできないことを意味する。死活問題である急なキャンセルが入るときもある。（大学の）試験や長期休みの期間は、介助者がみつかりにくい。

毎日が綱渡りのような生活であるが、だからこそ都合を合わせて来てくれることがうれしいと話していた。彼女と介護者には強い絆が生まれていた。

しかし、慢性的な介護者不足は続き、電話かけの心身の疲労と生活の不安は大きく、そのことから少しでも楽になれるように岐阜市に住民票を移し、ヘルパーと訪問入浴のサービスを受けるようにした。

当時、ヘルパーは9時から17時の時間内のみの派遣で、1回の時間数もわずかだったが、朝の生活と入浴の安定は大きかった。訪問入浴は男性のスタッフも加わっていたので、同性介助を要望し実現した。（『記念誌』）

花村のつっかいぼうの家での生活が始まってしばらくすると、次なる拠点として共同作業所「つながり亭」が誕生した（後段で詳述）。日中はそこで働きながら介助を受けられるようになったため、ボランティアなどのやりくりが幾分楽になった。そこで思い切って、つながり亭からさほど離れていない岐阜市内に民間の借家を探して引っ越し、本格的な自立生活に入った。

最初につっかいぼうの家で宿泊体験をした年から5年半が経過した1993年の秋のことである。

成人してからも親がかりで、自分が手にすることなど想像すらできなかったアパートでの一人暮らし。花村にとって苦労は承知の上でのスタートではあった。ただ、大勢のボランティアを巻き込んで日々の暮らしを積み重ねるうちに、自らが背負うストレスとは別に、「これは何とかしなければならない」と思い至る問題が生じた。

つっかいぼうの家で暮らし始めたころの花村

障害者の一人暮らしで、やはりネックになるのは介護者探しではないでしょうか。私は今、週2回ヘルパーに来てもらっています。そして夜は学生さんをはじめとしたボランティアの人たちに来てもらわなければ生活できません。そこで一番気になるのが、交通費です。毎日のことなので特に学生さんには負担になるのではないかと気になっています。

そのためにも介護保障を求める活動をやらなければならないと思います。

（1993年12月5日発行「通信」）

岐阜県における重度障害者の自立生活の先駆者の一人として、花村は地域でふつうに暮らすために重要な権利のいくつかを勝ち取り、あとに続く仲間たちに道を開いた。その一つが実質的な介護保障にあたる「生活保護の他人介護加算」である。

福祉用語のため、一般にはあまりなじみがないが、平たく言えば生活保護を受けている障害者のために、介助者に支払う費用を国が負担し、その金額を生活保護費に上乗せする制度のことをいう。介助を必要とする障害の度合いにより支給される金額は異なるが、花村はこの制度の中で最も高額な「大臣承認」というレベルの加算を県内初のケースとして得ることになったのである。支給額は月に10万円を超えた。

この「他人介護加算」が使えるようになったのは1975年。全国で自立生活運動が展開される中、当事者たちの訴えが実を結び制度化されたものである。

それから20年近い歳月が経過していたにもかかわらず、花村にはその交渉の過程で職員から「なぜ自立したいの？　家を出て何をするの？」だとか、「介護者がいないと生活できないなら施設に入ればよい」といった無理解な言葉が浴びせられたこともあったという。

自立生活をする重度障害者がほとんど皆無であった当地においては、財源の問題とは別に、福祉当局の意識が先進的な地域に比べまだまだ遅れていたということだろうか。

いずれにせよ、このような目に遭いながらも、つっかいぼうの仲間たちは、決して気丈なタイプとはいえず、ともすればくじけそうになる花村の背中を押し続けた。


〈公的ヘルパー制度の充実。24時間介護の実現〉

これは吉田たちがつっかいぼう結成前から、障害者の自立生活の実現に向け、発し続けてきた最大のスローガンの一つである。

自立生活に踏み出した花村の実生活における具体的なニーズを充足させるため、本人とつっかいぼうは関係当局に初めて本格的な働きかけを行った。その結果、目標実現への大きな一歩となる成果を得ることができた。

つっかいぼうの自立生活運動は緒に就いたばかり。その後も「介護の社会化」の全面的な実現に向け、さまざまな活動をより積極的に行っていくことになる。

OH！カルタ会

ⓕ福祉とはまだまだ名ばかり日本の福祉
ⓢ消費税ますます自立しにくい障害者
ⓡ連絡をせぬと動かぬ駅のエレベーター

広い体育館に風刺の効いたカルタの発句がスピーカーで響き渡る。そのたびにあちこちで沸き起こる歓声！

「あっちゃ。あっち！」

「急げ。もう少しゃ。取られるな！」

介助者はゆっくり慎重なふだんとは違って、大急ぎで車いすを押す。

疾走するタイヤの音に時折「ガシャッ」と金属音。勢いのあまり、車いす同士が軽く接触したのだ。

「ピーッ！」という甲高いホイッスルが館内に響き渡り、反則を申し渡す審判。

先手を取った競技者は、座布団よりさらにひと回りほど大きなサイズの巨大カルタの上に車いすのまま乗っかり、万雷の拍手を浴びながら意気揚々と自らの陣地に持ち帰った。

暖房のない真冬の会場だったが、時がたつにつれ白熱する一方の競り合いが

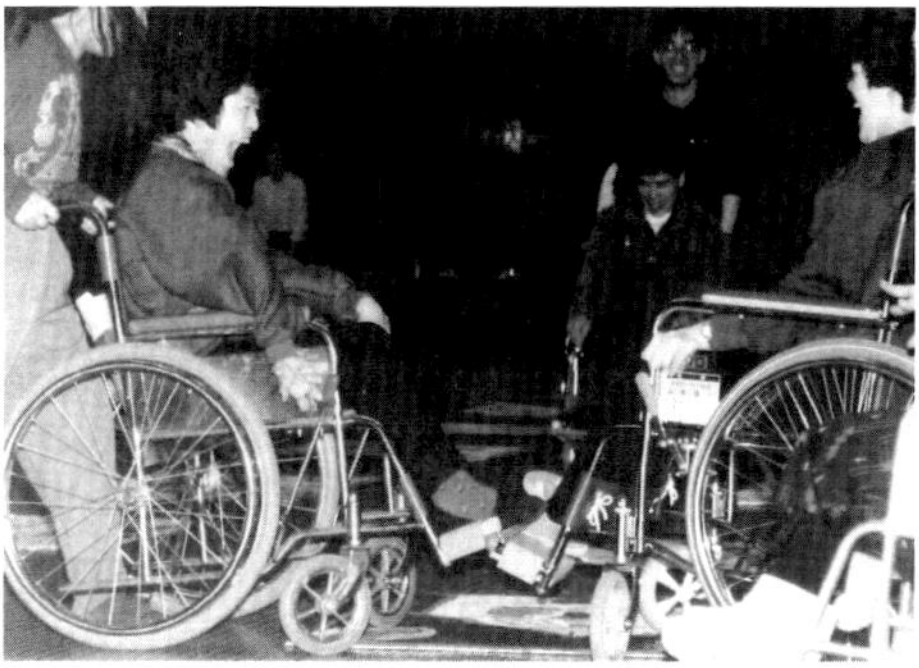
果敢に勝負する山内（左）

しばし寒さを忘れさせていた。

１９８９年1月23日、大垣市中心部にある大垣城ホールには、カラフルな絵が描かれた手作り大カルタが敷き詰められ、その周りを着飾った参加者ら約１５０人が取り囲んだ。紅白幕も張られ、ところどころに生花の飾り付け。初釜のコーナーや琴の生演奏も時ならぬ正月気分の盛り上げに一役買っていた。

開かれていたのは「ＯＨ！カルタ会」主催の「第1回大カルタ取り大会」。主催者名の中の「ＯＨ！」は、そのまま「感嘆」の声と「大きい」の「大」を掛けてある。つっかいぼうや会場となった地元大垣市の太陽の会の他、愛知県一宮市の障害者グループなど7団体が実行委員会に名を連ねていた。健常者の若者でつくる「大垣市青年のつどい協議会」も運営をバックアップした。

㋐赤信号変わっても渡りきれない電動車いす
㋬平成とは言いにくい言語（元号）障害者
㋮まぼろしの成人式ストローで一気飲み

㋵よっこらしょ介護者のかけ声に体重の重み自覚するああ減量の甲斐もなく

カルタの文句は仲間たちから募集した200首の中から選ばれた。風刺だけではなく、日々の暮らしから生まれるぼやきや不自由さを洒落《しゃれ》のめすメッセージなどが、限られた文字の中に巧みに表現されていた。句の文句に合わせて描かれた絵は、つっかいぼうの家などを作業場として何カ月もかけて制作された労作だ。

カルタ大会のアイデアが生まれたのは1年前の正月。戸田と大垣の太陽の会の仲間が愛知県一宮市の友人宅でトランプに興じていたときのことである。

「こういう遊び、みんなでできんやろか?」

「正月といっても、家に閉じこもってる仲間が多いし、みんなを引っ張り出してハレの気分味わえんかな? カルタなんかもいいよね」

「でも、手が不自由な人は思うようにできんよ」

「なんかいい方法ないやろか……」

という何気ないおしゃべりに正月のお屠蘇《とそ》気分も加わって話は景気よく盛り上がった。

「そうやな……。ほんなら、でっかいカルタを作って、車いすのまま乗っかって取ることにしたら？」

「面白い！」

「でも、カルタ作るのが大変そう」

「なんとかなる。とにかくやってみよ！」

新年早々に生まれたユニークな思いつき。それを「正夢」とすべく吉田たちの取り組みが始まった。

大きなカルタを車いすで取り合うという競技のイメージが具体化すると、早速「こんなカルタ会やるよー」と仲間たちに声かけをした。その後、本格的にカルタの句を募集し、「審査」に着手したのは夏過ぎのこと。

これまで紹介した句のようにひねりが効いてよく練られている作品もあった

が、その多くは障害者である自らの苦悩や周囲への憤懣などをそのままストレートに表現したものだった。

ⓡリハビリをしてればいいのと母の言う誰が決めるの私の人生
ⓨやっと教室にたどりつきホッとひと息終了のチャイム鳴り
ⓚ健康な人と変わらぬ私たちなぜに分けるの姿かたちで
ⓜむっつりと機嫌悪そな父の顔今日も言えずにお風呂は入れず
ⓜめずらしきかなと子ら何度もふり返る通学路

ふだん特に何も言わない人から、また、口に出さないことについて、正直な思いがたくさん出た。こんなことがあるのか、こんな思いをしていたのか。共に行動をしていても知らぬこと、気付かぬことが多くあった。（1989年6月1日発行「通信」）

吉田は仲間たちが置かれている境遇とその胸の内を、あらためて知る貴重な機会にもなったとこのように記している。そして、中心メンバーの一人山内ゆきえも同じ号に「障害そのものを、また、心の中を赤裸々に表現したものが多く、（読む）人の心に重くのしかかってしまうことがあるかもしれません。でも、これが多くの障害者が置かれた現状だということを知ってほしい」と書いた。

車椅子通せんぼする町づくり
萎《な》えた足大地歩いた夢に泣き

この二つは10数年前、吉田たちが参加していた文通サークル「山鳩の会」が刊行した『重度障害者の叫び』に掲載された句である。テーマや書きぶりは山内がコメントした、今回のカルタの句とよく似ている。障害者の境遇は当時と何も変わっていないのだろうか？

確かにたかだかひと昔前であり、バリアフリー化の進み具合など、客観的な状況に格別大きな相違点を見出すことは難しいだろう。ただ、山鳩の会のころから時を経て、つっかいぼう、そして太陽の会の仲間たちは、家に閉じこもるのではなく、「通せんぼ」されようとも町へ出ることを望んで生活圏を拡大させた。そして、さまざまな人たちの生きざまが交錯する現実の社会に足を踏み入れてきたのである。

そうした実践の積み重ねによって彼らの視野は広がった。障害者を取り巻く状況にはまだまださほどの変化はないとしても、それぞれの意識の対象は「個」の枠を超えて「他者」にも及ぶようになった。それは先ほどの指摘に続いて記された山内のこのような文面からうかがうことができる。

今回集まった句には、私たち障害者の生活、公共交通機関、社会の中における障害者、弱者に対しての差別、偏見などに対しストレートに、また、ちょっぴり皮肉って表されています。

たとえば「地下鉄の職員いつも言うセリフ介護者4人連れてこい」の句な

どは至る所で合理化され、(働く)人が少なくなっている交通機関がもたらした障害者へのしわ寄せがくっきりと表されている句です。(前褐「通信」)

カルタ大会に採用される45首が決まると、その内容に合わせて絵を描くという準備が始まった。1メートル四方の段ボールに白い紙を貼り、絵心のあるメンバーが作画した輪郭に合わせて丁寧に色を塗っていく。50人近くがこの作業に携わって秋以降、つっかいぼうの家は畳が見えないほど大きなカルタで埋め尽くされ、毎週末の集まりはほぼ制作作業に費やされた。

いよいよ本番当日。

競技はパラリンピックのように、同等の障害がある者同士が競り合いの醍醐味を味わえるように、それぞれのハンディキャップや車いすの種類、速度に応じて、介助者付き車いすの部、手動車いすの部、電動車いすの部の3部門に分けられた。

それが功を奏し、粛々と行われるふつうのカルタ会とはうって変わって、さながらスポーツイベントのような盛り上がりの大会となった。

昼を挟んでトータル6時間に及んだカルタ会は、午後4時頃に終了。最後に各部門の表彰式が行われた。電動車いす部門で優勝し「ナイスコントロール賞」をもらったのは、つっかいぼう最年長者の一人だが、「おかっぱ頭」が若々しい古田米子だった。

㊤消費税 ますます自立しにくい障害者

重度障害者ら150人が車いすでかるた取り

大垣市でボランティアら支援

重度身体障害者たちが車いすで伸び伸び取り組んだ「大カルタ取り大会」＝大垣市丸の内、大垣城ホール

1989年1月23日付岐阜新聞

電動で大きなカルタの上に、それもみんなで作ったカルタの上に乗るたびにうれしくなって、外野の、応援というより「こうした方が……」、「ああした方が……」とアドバイスしてくれるうれしい応援のおかげさまで、ついに優勝してしまいました。（前掲「通信」より）

障害者たちが張り切って主役を演じ、健常者は裏方に回って会場設営などの準備を手伝い、本番ではエールを送り拍手で応援する脇役を務めた。

健常者は誰しも仕事や私生活のそれぞれの場面、ステージで主役になったり脇役に回ったりしながら人生を歩んでいく。障害者も同様であってしかるべきだろう。このイベント自体も行政やボランティアが主体ではなく、障害者自らが企画・運営にあたったことが画期的だった。

つっかいぼうの仲間たちは、これまでにもキャンプや海水浴などのレジャーイベントを楽しむことはあった。講演会やシンポジウムなどを主催した経験も少なくない。しかし、このカルタ会のように部外者をも巻き込みつつ、エンターテイメント性やスポーツ的な要素を組み込んだ大がかりな催しを行うのは初めてだった。岐阜県のような地方においては、おそらくこれまでに例のない試み

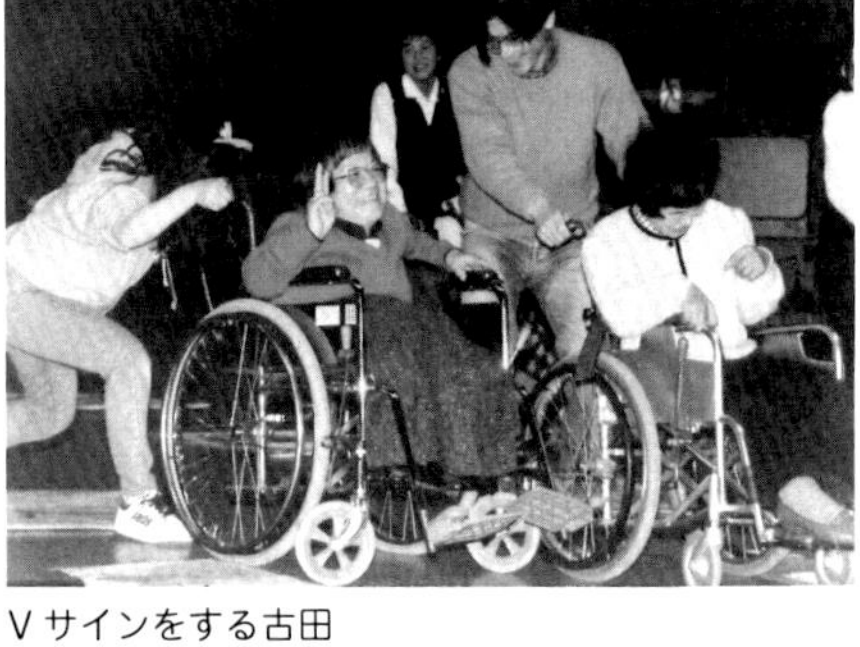
Ｖサインをする古田

だろう。

重度の障害者も外に出て人と会ったり、娯楽に興じたり、汗をかいたりしてふつうに社会生活を送ること。それはアイデア次第で十分可能なのだ。手や指が動かなくても参加できるカルタ大会——。

バリアフリーによって障害者の移動の自由が一定程度確保されたように、知恵を絞り、工夫することによって「楽しみ」さえも生みだすことができる。「大カルタ取り大会」はそのことを障害者自らが証明したといえよう。

字が読めない仲間などもそれなりにやり方を工夫することにより、このイベントに加わることができたと吉田は記している。

詠まれた絵札と同じ文字を黒板に書き、同じ形の字を探せば良い。また、言葉がなかなか聞き取れない場合には、（伝えてくれる仲間と）二人の間で通じるコミュニケーションを作れば良い。

何でも決まり切ったもの、こうであらねばならないものがあるわけではな

く、双方の関わりの中で解決してゆくという基本的で当たり前のことにあらためて気付かされた。（前掲「通信」より）

「障害」は本人にあるのではなく社会がつくる。そんな真理をあらためて噛みしめる吉田であった。

大カルタ取り大会は寒さ対策や待ち時間の長さなど反省点もいくつかあったが、翌年も開催が決定。以降、毎年継続され、30回を超える実績を重ねている。

働く場を求めて

きっかけはカレンダー販売

吉田たちの活動は「つっかいぼうの家」という「場」を得て、ますます勢いづいた。

「大カルタ取り大会」に続いて半年後には、「障害者自立センターつっかいぼう」の発足一周年を記念し、市民も交えて公共交通のあり方を考えるシンポジウムを開いた。公共交通アクセスを求める街頭活動や新たに始めた公開学習会といった「障害者運動」も展開しつつ、過去数年恒例となっていた交流キャンプや交通機関のチェックも兼ねた小旅行、さらには忘年会などの交流活動も引き続き実施した。

それらの準備をする場になったり会場になったり、つっかいぼうの家の存在は彼らに不可欠のものとなった。

もちろん本来の学習会や自立体験は、つっかいぼうの本来の活動として続けられ、花村に続いて泊まり込みを始めた林ゆりなど、自立生活を始める仲間がここで「修業」をした後に何人も巣立っていった。

こうして活動が盛んになるのは喜ばしいことではあるが、当然のことながら運営していくための経費がどんどんかさんでくる。

「会費や支援者からのカンパだけでは、月々の運営費7万円は早晩まかなえなくなる……」。会計の山内ゆきえは頭を痛め、同通信などでさらなるカンパを呼びかけていた。

――自分たち自身で運営資金を少しでもまかなえないだろうか。

慢性的な資金不足の中、そんな思いから生まれたのが「モムのカレンダー」の販売だった。

当時、メルヘンタッチのイラストで妖精「季節のモムたち」を描いたカレンダーが大阪などの障害者団体を通じて販売され、評判を呼んでいた。絵の作者は季刊誌「そよ風のように町へ出よう」の表紙を描いていたイラストレーターの吉田たろう（故人）である。先に書いたように「そよ風……」はつっかいぼうの導きの糸の一本であり、このカレンダーは、大きなくくりの中では障害者解放運動の先駆者「全障連」の輪から生まれたものといえる。

その情報をキャッチした吉田は、1989年の秋、この「モムのカレンダー」の予約販売を思いついた。定例の話し合いの中で提案すると、「運営資金の足しになるなら」と全員一致で即決。ところが、仕入れの数や販売方法などの具体的な話し合いを始めると、消極的な声や後ろ向きの意見が相次いだ。

「カレンダーは年末になるとお店とか銀行とかからタダでもらって、それでこと足りてる人が多いのにそんなの売れるやろか?」

「実際に動ける介助の人たちの人数から考えてみても、とうていモノを売りに行ける余裕はない」

「お金を捨てるようなことになったら……」

物販や商売の経験など全くない重度の障害者の集まりである。そのような弱気の虫が顔を出すのもなんら不思議ではなかったが、最終的には取り組むことに決まった。担当することになった山内や花村、細野弘美たちも内心心細く気持ちは揺れ動いていたが、とりあえず見切り発車で準備を進めるうちに「何はともあれ、もうやるしかない」という気持ちに傾いていった。

チラシづくりに仕入れ、注文受け、品物の受け渡し……、時間は待ってはくれない。やるべきことはとにかく片付けていかなければならない。山内たちは、慣れない「仕事」にしくじりを重ねながらもカレンダー販売に精を出した。仲間たちもそれぞれ、友人や知り合いなどに声をかけ、一部また一部と売り上げを伸ばしていった。

細野は定価１０００円のところ、１万円札と硬貨しか持っていなくて、おつりをどうしようと困ったことがあったと振り返る。「その人が結局、１００円玉10枚で買ってくれたのが印象的でした。あのときは本当にうれしかった！」。

その結果、50部も売れれば御の字と踏んでいたが、優にその倍の１００本を超える売り上げを達成することができたのである。

当初、吉田としては、仲間のみんなが自主的に動き、責任を持って事を行う取り組みの手始めとして発案したもので、仕事とか収入とかは「あわよくば」

くらいにしか期待していなかった。ところが、その予想は見事に裏切られ、思いもよらない成果を挙げたのである。

　山内はカレンダー販売の経験を「重度障害者にとっての仕事というものを考えてみると、物を売ったりするのもひとつのあり方ではないかと思えてきた」と総括した。

　この感覚がこの後、つっかいぼう全体の共通了解となっていく。

現在も販売しているカレンダー
「季節のモムたち」から三代目

わっぱん

広さは学校の教室ほどだろうか。個人経営のベーカリーにしては広く、パン工場というには狭い、そんな規模のパン工房である。
この日も焼きたてのパン独特のおいしそうな匂いが漂う中、真っ白な作業着と帽子姿の若者たちが自分たちのペースで作業を進めていた。

ここ「ワークショップすずらん」は、障害者と健常者が共に働きパンやクッキーを作る事業所として１９８４年、名古屋市北区大曽根の市街地にオープンした。今では障害者が働くベーカリーは珍しくもないが、その全国第１号がこちらの施設なのである。

無添加・手作りで商品力も備えたこのパンの「ブランド名」は「わっぱん」。つっかいぼうに商品を卸すようになったころの職員は、知的障害者が45人、健常者が15人。能力主義や上下関

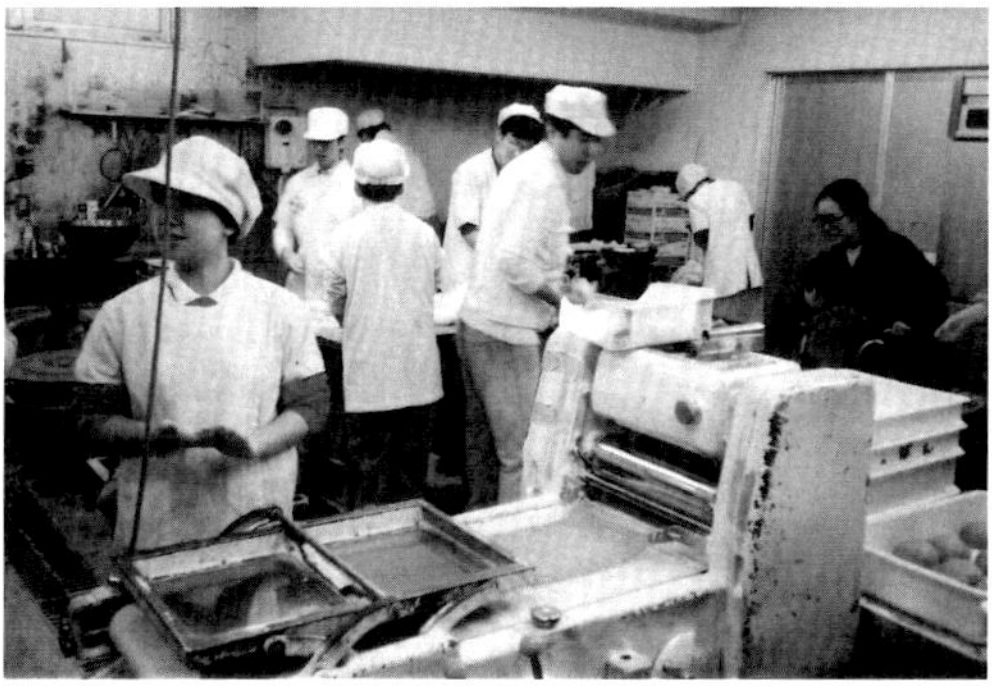

ワークショップすずらんのパン工場

係を排し、全員平等な収入と身分でパン作りや得意先への配達などの仕事に従事していた。

主宰者の斎藤縣三は、1948年三重県津市に生まれた。わっぱんの取引を通してつっかいぼうとの交流が始まった当時は40代前半で、吉田より少し年かさだった。

大学在学中にボランティアとして障害者施設に入り、人里離れた山奥に閉じ込められ一生を過ごさなければならない入所者たちの境遇に大きなショックを受けた。その経験から「施設ではなく町の中でみんなと共に働き、生活することができる場所が必要だ」と思い立ち、1971年、名古屋市内で一人の若い障害者ともう一人の仲間、そして斎藤の3人が一つ屋根の下で縫製の内職を始めた。

「わっぱの会」の誕生である。

以降、町の中で障害の有無の別なく共に働く場所づくりに取り組み、その活動の輪を広げていった。会の名前には、いつまでも子どものように純粋にという「童《わっぱ》」と、人と人とが手をつなぎ輪になる「輪っぱ」という二つの願いが込められている。

障害者の働く場としては、当時も共同作業所や授産所などはあったが、健常者は一般企業、障害者はその種の施設と峻別されていた。さらに授産所などの内部でも指導者＝健常者、作業者＝障害者という分断があった。斎藤はそれらを全て取っ払い、大学時代に実体験した「障害者の隔離＝差別」を克服する共同体づくりの柱として「共に働くこと」に着目したのである。

働けば収入が得られ、自立生活の糧とすることができる。それが大前提ではあろうが、なぜ「働くこと」を前面に打ち出したのだろうか。

わっぱの会結成当時、障害者運動は青い芝の会や全障連などが自立や解放を掲げ、社会を告発した「政治の季節」の真っ只中だった。ところが、斎藤＝わっぱの会のアプローチはそれらの団体とは異なっていた。

まずは全障連の労働観について少し触れておく。

単に生産現場で働くことだけが労働ではない。自分たちのような脳性マヒ者の場合は、生産現場で働くことは困難であり、そうしたことからも自分たちの労働観は「生きることそのものが労働である」（全障連事務局『全障連結成大会報告集』１９７７年）

憲法が保障する生存権を行使し、重度障害者が自立して「生計」を立てていく糧は、多くの場合、生活保護の受給に求められ、一般的な意味での「労働」による報酬ではない。ただその代わりに食事や着替え、排泄など生命を維持するために必要とされる相当な「労力」を差し出す。それは「生命」維持のための行為という広い意味での労働とみなすべきだという主張である。

こうした労働の捉え方は、自立生活を送る重度障害者の多くのみならず、介護が必要なお年よりや病気で働けない人などが生きるために行う行為として現在もなお有意である。というよりも、むしろこちらの方が普遍的とみなされるべき労働観ではないか。「働くのは生きるため」なのだから。

近代以降のいわゆる労働との違いは、その労力が賃金という対価に換算される、されないの相違でしかない。生きるための行為は、本来その価値に差はないもののはずである。近代以降のいわゆる労働は、先天的な能力や一人一人の生まれ育ちなどに左右され、代償として得られる賃金には大きな格差がある。そのような労働のあり方こそが、資本主義社会固有の特殊なものであるといえないだろうか。

マルクスがかつて唱えた「能力に応じて働き、必要に応じて受け取る」というスローガンは、生きるためにあえて行う全ての行為を労働とみなし、その対価は必要に応じて与えられるものと読み替えれば、前述した全障連の労働観と重なりあう。

しかしながら、その原則は「共産主義社会が実現した暁」という将来の理想郷において実現されるものであり、現実の社会は今のところ、「働かざる者食うべからず」という資本主義のルールに支配されている。福祉社会の中で一定の歯止めは効いているとはいうものの、当然のことながら障害者も否応なくその仕組みの枠内で生きることを余儀なくされ、さらに生産性や効率の追求には「不向き」なため、より苦しく厳しい条件下に置かれている。

ただ、健常者の世界でもそうであるように、不条理な現実に手をこまねいている者がいれば、少しでも現状を変えていこうとする者もいる。斎藤たちは後者に与し、自分たちで理想の「働く場」をつくってしまおうと実践を重ねてきたのだ。

働く場がなぜ必要か。斎藤はこのように記している。

社会そのものに差別があって、働けない、一般企業にいけない、というのは社会そのものの差別に根本的に根ざしています。みんな一般企業で働かなければいけない、といっても一般企業自体が差別の塊なのです。そのため、それに代わる働く場をつくらねば、結局、重度障害者は排除されたままで終わりではないか、と思いました。（障害学研究会中部部会『愛知の障害者運動』2015年現代書館）

こうした考え方に基づき、わっぱの会は全国に先駆け、「わっぱん」の製造・販売などを生業とする共働作業所を立ち上げたのである。その後も、「共に働き、共に暮らし、共に生きる社会」をさらに拡大するため、2004年にNPO法人化し、わっぱん以外にもさまざまな取り組みを始め、事業規模を拡大した。2022年現在のスタッフは300人を超え、そのうち80人ほどが家族から独立し自ら生活する場を得ている。

働くことの意義とは——。

斎藤はかつてこのようにも語っている。

理屈ではなく、焼きたてのパンの香り、工場のざわめき、みんなとのふれあい……、それが働くことの楽しさ、幸せなのではないか。
働いたり、街へ出たり、生活したりすることが、自分たちの生き方を世の中に認めさせ、社会を変えていく運動だと思う。

わっぱんの販売スタート

1990年10月16日、わっぱんの販売開始。

わっぱの会の斎藤と吉田や戸田は、それぞれの活動を通じて十年来の旧知の仲であり、その縁で作りたての手作りパンを名古屋から配送してもらう取り引きが始まった。

当日、ふだんは玄関代わりに出入りなどにも使っているつっかいぼうの家の縁側には、「おいしい！　無添加パン・クッキー」と大書した看板が掲げられお店らしさを演出。コンビニなどへの配送で見かける「パンコンテナ」をそのまま重ねて並べ、当日の午後から「店頭販売」を始めた。

岐阜市の障害者グループ
無添加パンの店をオープン
自立の糧にと
交代で店番も
障害者自立センター「つっかいぼう」の縁側に"店開き"した月1回の無添加パン「わっぱん」の店

1990年10月18日付岐阜新聞

商品は食パンや菓子パン、バゲット、各種クッキーなど30種類を超え、そのいずれもが、国産小麦100％で添加物は一切使われていない。

販売を始めると近所や通りすがりの客も買い求めに来たが、その多くは事前に注文し引き取りに来た人たちだった。月1回の不定期販売のため、あらかじめ客筋を固めていたのである。

開店に向けては、周辺の民家や支援者らにチラシを届けたり、口コミで宣伝したりとPR活動を展開。いざ注文が入ると伝票を作成し、わっぱんに発注、そして帳簿への記入と慣れない仕事で大わらわだった。

カレンダー販売を経験しているとはいうものの、1種類だけではなく品数が多いため、商品をさばくのに必要な時間や手間はケタ違いに多く、関わったスタッフはミスを連発した。

開店前夜も注文伝票と大量に入荷したパンの照合にてんてこまいで、必要なパンがなかったり、何種類もあるクッキーの区別ができなかったり……。袋詰めに追われた当日の午前中には、大口の配達先から「頼んだパンと違う」とついお叱りの電話が入ったりもした。

しかし、そうした生みの苦しみを補ってあまりある対価を彼らは手に入れた。初日の販売から予想を大きく上回る10万円近くの売り上げを達成し、つっかいぼうのその後の運営費補填に大きな期待を抱かせる成果を挙げたのである。

わっぱん販売のプラス効果は、金銭面のみならず当然のことながらつっかいぼうの活動そのものにも及んだ。土曜日・日曜日に限られ、平日は自立生活訓練のメンバーと介助者くらいだったつっかいぼうの家の利用状況はかなり改善され、本書冒頭に描いた販売前日の一斉作業の取り組みや一連の販売促進活動は、さらなる活気と一体感を生んだ。

山内と花村は、さらに「攻めの営業」に出て、ご近所を手始めに2人1組でパンの訪問販売を開始した。

慣れるにつれ2人はだんだんと移動範囲を広げて、つっかいぼうから数キロ離れた市内中心部の繁華街「柳ケ瀬」まで電動車いすで「行商」に行くようになった。

泊まり込みや自立生活をするうちに、近くのスーパーに買い物に行くうちに顔見知りの店員ができ、「世の中が広がった！」と喜んでいた二人だったが、今度は売り手として、なじみの「お得意さん」を増やしていった。

「こんにちは。私、つっかいぼうの者ですが」と切り出し、初対面の人が真剣に私の話を聞こうとしてくださっていることが感じられたとき、本当にうれしくなってしまう。これからも人との出会いを求めて「パン屋のおばさんを続けて行こうかな！

（「通信」1991年11月10日発行）

山内は地域の人たちとの関わりを持つことができるようになったことを、こう素直に喜び、花村は販売開始から1年の手応えを踏まえ次のステップを展望した。

これからも品数を増やし、少しでもまとまれば配達をする体制を整えてゆき、月1回を月2〜3回に増やしたいし、これはまだ先のことになると思いますが、お店を持つことができるように頑張りたいと思っています。（前掲「通信」）

つながり亭オープン当日

買い物客で活気づく歳末を前に、町は冬の静かなたたずまいを見せていた。ここは岐阜市の繁華街「柳ケ瀬」から3キロほど離れた「徹明通」。道路沿いのビルの一階につっかいぼうが初めて出店する店舗が誕生し、ここだけは時ならぬにぎわいを見せていた。

店の入り口には「自然食品の店　つながり亭」と大書された真新しい看板が掲げられ、歩道には仕入れ業者からの開店を祝うスタンド花が勢ぞろいして道行く人々に新規オープンをアピールしていた。

午前10時、店先に置かれた菰樽《こもだる》の回りには、それを取り巻く車いすの障害者らで二重三重の人だかりができ、店長の開店あいさつを待つばかりとなった。

そこでマイクを渡されたのは花村である。

「これまでの販売の経験を生かし、たくさんの人とつながっていきたい！」

感極まったかのような甲高い声が通りに響き渡った。

拍手が鳴り止まぬ中、続いては祝い事に付きものの菰樽割り。

戸田が木槌を持つ花村に手を添える。

「せーの！」

威勢の良いかけ声とともに勢いよく木槌《きづち》を樽に振り下ろすと、見事にふたは真っ二つ！

わき起こる拍手喝采、そして勢いよく飛び跳ねる祝いのお酒。この日のために着込んだ花村のジャケットは哀れ、びしょ濡れの運命に――。

つながり亭オープンを祝うつっかいぼうの仲間たち

大爆笑に包まれる中、花村店長もここは笑うしかないと笑顔を振りまいていた。

1992年12月12日、つっかいぼうは待望の「自分たちの店」を持つことができた。

モムのカレンダーの取り扱いから始まり、わっぱんを販売するようになってから2年そこそこで、この日を迎えることになったのである。

この間に得た「仕事をやり遂げる達成感」と「自分たちでも仕事ができるという自信」が、「モノをつくる仕事ができなくても、お客さんに声をかけてモノを売ることはできる」という彼らなりの働き方＝物販というスタイルに行き着いた。自分で身の回りのことすらできない重い障害があっても可能な仕事を見出したのである。

この仕事場は店の名前が示すように、地域の人たちとの新たなつながりを生みだす。そして事業の成否は、地域との交流関係をさらに広く、より深くしていく意欲と実践にかかっていた。

開店までの道のり

つながり亭の物件探しを始めたのはその年の春先からで、つっかいぼうの家が岐阜市市街地の北部にあるため、今回の販売拠点は長良川を挟んで南側の地区に出店することにした。

商店であるからには人通りがあることや駐車スペースの確保は大前提。それに加え、障害者がスタッフとして常駐するには、店内の広さに余裕が必要で、休憩スペースを設けなければならない。彼らが働くためのいくつもの条件が加わる一方、開業資金は決して潤沢とはいえなかった。

不動産屋を何軒も訪ね、つてをあたること半年。そこそこにぎやかでバス停も近い物件をようやく見つけることができた。面積は約50平方メートルで小さなコンビニ程度の広さはあり、テナント料も何とかなりそうな金額に収まりそうだ。

11月に入ると、吉田の父親と大工仲間が店内の改装工事に取りかかり、車いすが通れるような導線を確保し商品棚などを設置。トイレも障害者がストレスなく使用できるよう全面的に造り変えた。

誕生したつながり亭には、つっかいぼうで扱ってきたわっぱんや自然素材のせっけん、シャンプーも含め、無添加、無着色、無農薬の「自然」をキーワードとする商品が約150品目並んだ。

当時、環境問題に対する関心の高まりを背景に、安全な自然食品などがブームを呼んでいたこと。さらには、先輩格のわっぱの会がそうした品ぞろえにこだわっていたことが店の方向性のヒントになった。

「社会環境を良くしないと障害者は暮らしにくい。商品にはそういったメッセージも込めた」とは、開店時の戸田のコメントである。

出店準備と並行して吉田は店の運営を安定させるため、岐阜市に助成金の申請に取りかかっていた。「岐阜市心身障害者小規模通所援護事業」制度の適用を求めたのである。

ところが、ここで大きな壁にぶち当たる。

授産所など障害者が働く施設には自治体から一定の金額が支給され、運営費やスタッフの収入に充てられているのだが、仕事内容は「手作業」が原則。岐阜県の場合、「物販」は仕事として明確に認められてはいなかったのである。「これはまずい」と、吉田がよくよく他所の例を調べてみると、大阪府枚方市では何のしばりもないことなどが判明した。すぐさまこうした事例を挙げて岐阜市に報告したところ、市から県に伝えられ、翌年、認可を得ることができた。

「攻めの営業」で業績回復

つっかいぼうの仲間たちの期待を背負って、花村店長ら7人と健常者のアルバイト、ボランティア数人のスタッフでオープンしたつながり亭。

滑り出しは支援者や開店大売り出しを聞きつけた近所の人たちなどでまあまあのにぎわいをみせたものの、次第に売り上げは伸び悩んだ。

もともと派手なバーゲンセールやヒット商品などは今ひとつなじまない店で

もあり、季節商品などを扱うように
して目先を変えてみたり、宅配やバ
ザー、施設での訪問販売などを試み
たりしても特段の業績改善はみられ
なかった。

一方、「障害者の働く場」という本来の目的についても、しばらくすると店内の仕事は健常者のスタッフであらかた間に合ってしまうありさまだった。

柳ヶ瀬で行商する花村

そうした状況下、出番がめっきり減った花村たちは頭を切り換え、「歳末でにぎわう柳ケ瀬で売ろうよ」と発案。以前、つっかいぼうを拠点にわっぱんを行商していたときのように介助者とペアを組んで出張販売を再開した。

商品を持って柳ケ瀬に行き「いかがですか」と道行く人に声をかけたり、

車いすで入れそうな場所に行き飛び込み販売をした。手の使えないスタッフはお客さんが商品を選び、釣り銭も箱から自分で取り出してもらうというセルフサービスの販売だった。

初めは躊躇《ちゅうちょ》する人もあったが、次第に受け入れられ、いつも立ち寄ってくれる人や中には自立生活の介助ボランティアに来てくれる人も現れた。福祉施設などで行うバザーの販売スタッフは施設の職員や親がほとんどであった中、障害者自らが販売する姿は人目を引き、他の作業所でも障害者の参加が増えていったように思う。

障害者が外に出て見知らぬ人と関わりを持つことは、今の社会では仕事と言って良いのではないかと話し、出かけていった。（『記念誌』掲載「共に働く場を目指して」＝文吉田）

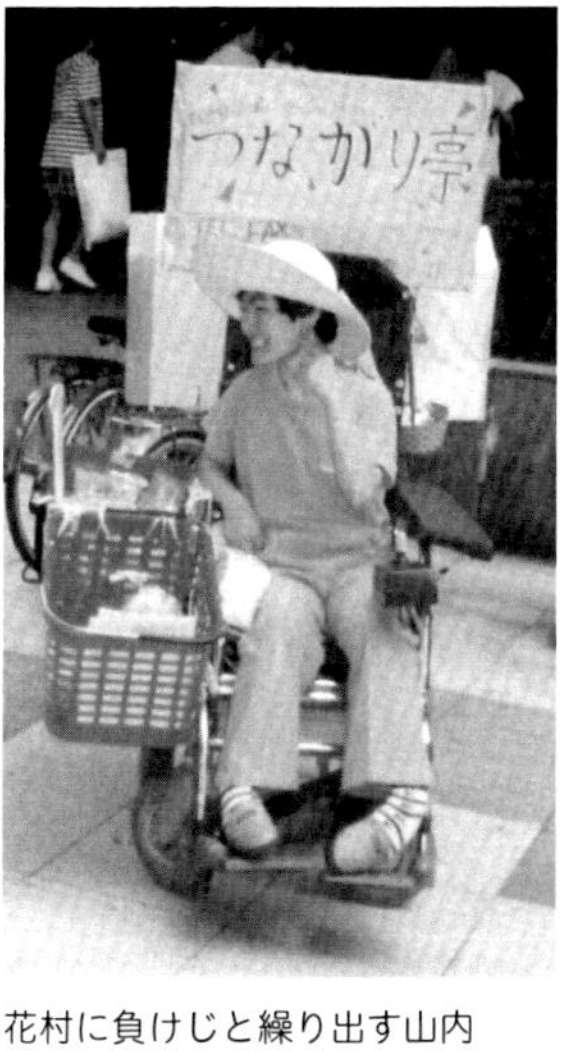

花村に負けじと繰り出す山内

「目立つように！　売れるように！」と、電動車いすには「自然食品販売中」と大書したのぼりをくくり付けた。夏はすだれと風鈴、クリスマスの時期にはサンタクロースふうのいでたち……。

行商には次々と新たな演出が加わった。店長の花村の「何事も新鮮、何でも挑戦！」のかけ声はスタッフ全員に浸透し、それぞれが創意工夫して取り組むようになり、売り上げも着実に伸びていった。

慣れるにつれ、電動車いす単独で出掛けるようなことも増え、郊外のバザー会場に行く途中にうっかり田んぼに落ちて救急車のお世話になったり、のぼりを交番の前で落として拾った善意のおまわりさんに追いかけられたり、一つ間違えば一大事になりそうな事故やハラハラする出来事はしょっちゅうだった。

そんなさまざまな試行錯誤を重ねながら少しずつではあったが、店は元気になり、花村たちにつられて「自分たちも働きたい」という仲間が増えていった。

つながり亭開業から5年後の1997年、「ロウソク工房ヴァリエーション」

が、二つ目の小規模通所施設として「つっかいぼうの家」の近くに誕生した。
ここで行う仕事は工芸キャンドルの製作で、結婚式などで使ったろうそくを回収して溶かし、クリスマスや動物などをモチーフにしたカラフルでかわいらしいキャンドルに生まれ変わらせた。

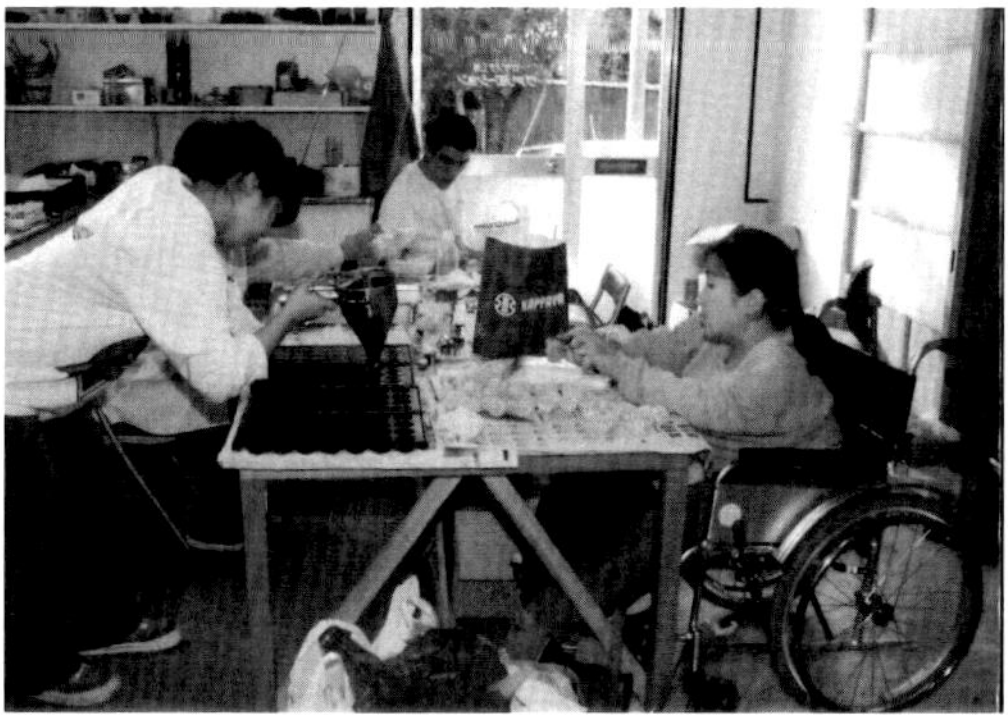
ヴァリエーションでの作業風景

日本社会も、これまでの「大量生産・大量消費」を反省し、「エコ」や「環境」を重視していこうという一大変革期を迎えていた。物販以外の新しい仕事を模索する中で生まれた、ものづくりの拠点は、「多様性」を意味するヴァリエーションという店名を冠し、事業内容は地球に優しいリサイクル。うまく時代にマッチしていた。

つっかいぼう＝つながり亭の内部的にも、仲間の中には人と接するのがあまり得意ではないメンバーもいることから、手作り工芸というタイプの異なる仕事は就業機会を広げることにつながった。

２年後の１９９９年には、柳ケ瀬通りより人通りが多く岐阜の駅前に近い竜田町につながり亭を移転した。手狭になったことや行商のしやすさへの配慮が主な理由だったが、実際のところは、その仕事の主力だった花村たちが40台半ばを超え、電動車いすとはいえ、体力的に厳しくなってきていたこともあった。

行商や物販の比重が減る分、新たな仕事として加わってきたのが手作業である。定員を20名に増やし、新しく入った知的障害のある仲間は、機械部品を磨く仕事などに従事することになった。

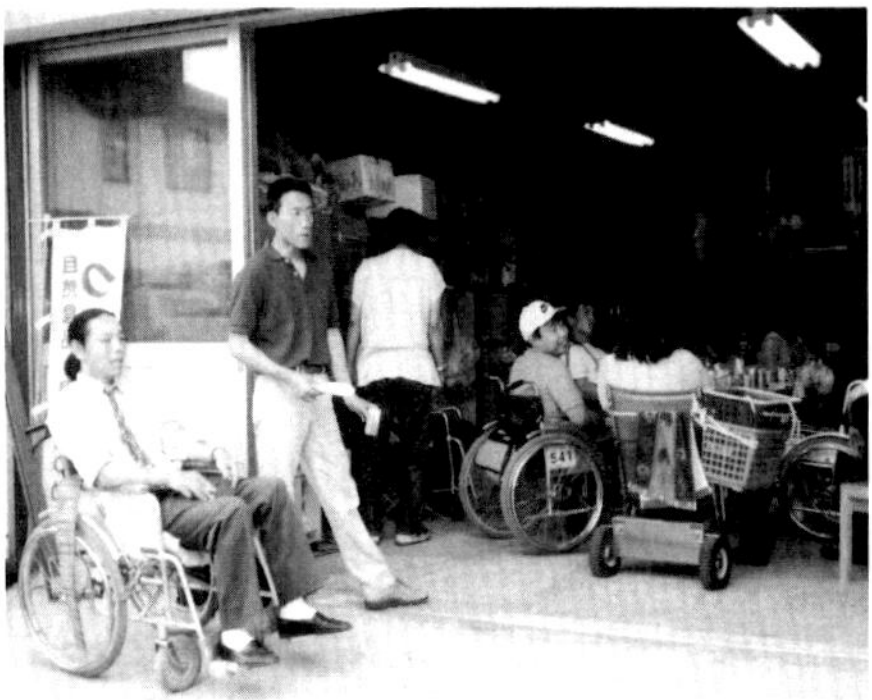
移転後のつながり亭

その年の春には長きにわたり活動拠点としていた、つっかいぼうの家に別れを告げることになった。つながり亭やヴァリエーションに人が集まるようになり、それまでの「場」としての役目が段々と希薄になっていったからである。

開設から10年。その間、彼らは新たに二つの事業所を誕生させ、地域に根付き、働く場をつくり、自分たちの世界を広げていった。仲間も増え自立生活をスタートさせたり、働き始めたりする者たちが相次いで現れた。

毎週末の合宿、カルタの制作、全障連全国大会や交通アクセス全国行動の準備、共に学ぶ教育を障害児の親たちと考える集まり「ぽちぽち」の立ち上げ……。

つっかいぼうの実り多き青年期を支え、見守ってくれたかけがえのないわが家だった。

子どもを地域の学校に行かせたい親たちも仲間に

障害児の親たちとの出会い

障害者運動を始めて以降、交通アクセス運動を手始めにさまざまな活動を続けてきた、つっかいぼうだったが、吉田の中では人生で最初に自らの行く手を阻み、大きな障害となった「分離教育」に対しても、いつかは「反対」の意思をはっきりと表明し、社会的な力にしていきたいという思いがあった。

つながり亭誕生を翌年に控えた1992年のある日、障害のある子どもを持つ母親、中本と水田が吉田のもとを訪ねてきた。

二人は障害児通所施設で出会い、翌年に迫った就学先について話すうちに、その施設の職員からつっかいぼうの存在を知った。施設ではなく地域で生活することや養護学校義務化に反対していることなど、自分たちが日頃思っていることと重なるところが多いと分かり、子どもたちが地元の小学校で学ぶことができるよう力を借りることにした。

「障害があっても、生まれ育ったところで近所の子どもたちと遊んだりして、ふつうの子どもとして育ってきた。それがなぜ、小学校に行く段になると、友達から切り離され、地域の学校に行くことができなくなるのか？」

二人の切実な思いを知らされた吉田は、自分自身が疑問を抱き、憤りを抑えきれなかった30年以上前の出来事が蘇った。

――自分は5歳で親元を離れ、遠い飛騨の施設に行った。中学に入るころには、誰一人友達のいない養護学校に入った。もうそんなことがあってはならない！

聞けば、水田の子どもが通っていた岐阜市内の障害児母子通園施設「恵光学園」の職員と戸田が親しかったり、つながり亭のスタッフが友達だったりとか、お互いに何人か共通の知り合いがいることがわかった。そんな話からすぐに打ち解け、今後についてお互いの意見を出し合った――。

翌年、二人の子どもは地域の学校に就学できることになったものの、脳性麻痺により両足が不自由な水田の子どもは、普通学級で学ぶことは無理と告げられた。水田は何度も学校と話し合いを重ね、希望を伝えた。しかし、それは受け入れられず、水田からの相談を受けた戸田が協議に加わった。

普通学級への就学は、最終的に親の付き添いを条件に認められた。通知が届いたのは入学式目前の3月末だった。

その後、水田は中本と共に障害のある子どもを持つ親たちに声をかけ、「障害児の就学を考える集い」という少人数の集まりを持つことにした。吉田や戸田は、そうした場に参加しつつ、学校に対する個別の協議だけではなく、就学制度全体を見直す取り組みに発展させていった。

1995年8月、つっかいぼうは「障害児の就学を考える集い」の有志と共に岐阜市教育委員会に対し、〈障害児の就学先は親の意思を尊重して決定してください〉という要望に始まる8項目の要望書を提出した。

しかし、その回答は障害の程度に応じて通う学校を判定する国の「適正就学」路線に沿ったもので、とても「満額回答」とはいかなかった。ただ、その「判定」に従わず、障害があっても地域の小学校に通っている子どもたちが60人以上もいる現状がその場で明らかにされ、中本や水田らを勇気づけた。

「ぼちぼち」は、ぼちぼち結成された

水田ら「集い」のメンバーたちは、岐阜市当局への要望開始と前後して、この問題を市民にも周知してもらうために講演会の開催を企画した。

講演会の開催はもちろん初めての経験で、吉田や戸田からノウハウを教えてもらった。そして、子どもたちが描いたポスターを関連施設に貼りに行ったり、情報交換のための機関誌「ぼちぼち」を発行したり、交流会を重ねたりするうちに、「活動」らしい形と「仲間」的な人間関係が「ぼちぼち」生まれていった。

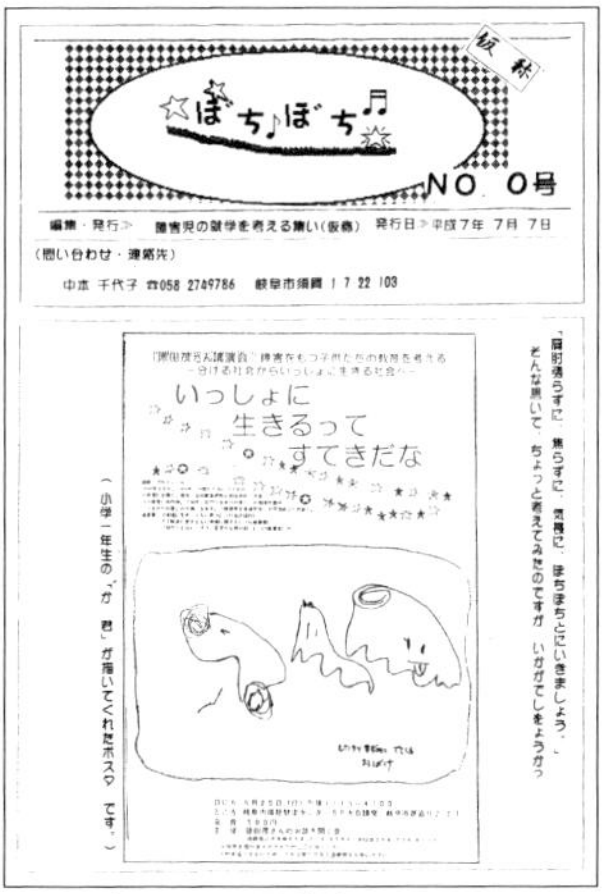

1995 年 7 月 7 日発行
「ぼちぼち」創刊号

第1回の講演会には石川県松任市で障害児教育に長年携わってきた徳田茂を迎えた。会場あふれんばかりの150人を集め、この問題に対する人々の関心の高さを可視化した試みだった。

「地域の学校へ行くのはその子の発達を伸ばすためではなく、暮らしのため、そこがその子にとっての生活の場だからです」

と訴えた徳田の言葉に、参加した吉田は、ふつうの当たり前の暮らしを求める自分たちの運動の原点を見いだした思いだった。

そして、「当たり前であるはずの『ふつうがいい。一緒がいい』ということを、スローガンや理念に振り回されるのではなく、あらためて多くの人と現実の中で、納得いくまで真面目に考えていきたい。つっかいぼうとしてこの問題をしっかり支援していこう」と、決意を新たに

徳田茂講演会　1995年6月30日付岐阜新聞

した。

一方、初めての講演会で同じ思いを持つ親たちが周りにたくさんいることを知った水田たちは、吉田の勧めもあり「障害児の就学を考える集い」を発展させ、対外的な取り組みなども行うような組織にすることにした。「ぼちぼち」の誕生である。

夏恒例の「大交流キャンプ」には「ぼちぼち」も参加

つっかいぼうの家やヴァリエーションはそうした活動の拠点となった。機関誌「ぼちぼち」の印刷をさせてもらい、交流会の会場として借りることもあった。つっかいぼうが毎年開催するキャンプや忘年会などにも参加し、お互いに関係を深め合った。
講演会の開催は、そうした活動の柱の一つで、先駆的な取り組みなどを親たちに知ってもらいつつ、自分たちの意識を高める糧にしていった。

１９９６年には「障害児を普通学校へ全国連絡会」世話人で、教員のキャリアを全て特殊学級で勤め上げた北村小夜の講演会が開かれた。

北村は初めてクラスを受け持ったとき、「先生も普通学級落第して来たの？　先生は普通に戻れるよ。頑張って、また試験受けて帰んな」と教え子から言われ、こう確信したという。

「この子たちは、ここに来たくなかったのだ。子どもたちは分けたがっても、分けられたがってもいない。分けてはいけないのだ」

１９９９年の講演会では「子ども情報研究センター」副所長堀正嗣が、こう語りかけた。

「ある人が『目がみえなくなると人生は終わりだ。死んだも同じだ』と言いました。そうでしょうか。歩けなくなったら車いすを使えばいいし、頭が働かなくなったら人の知恵を借りればいい。目が見えなくなったら点字を読めばいい。このように楽に考えられるようになればいいのです。誰でも人に頼って生きているのです。そのことの大事さを見失っている社会なのです」

普通学校に重い障害のある子どもを通わせるには付き添いが必要だった。水田の場合、障害のある子どもが二人いて、自分以外にもう一人要る。つっかいぼうは出入りしている大学生のボランティアにその役目を担ってもらうことにした。普通の学校に通うための交渉や進学後の話し合いの場には、戸田や吉田だけでなく、わっぱの会の斎藤なども加わることがあった。

自分一人ではない！　応援してくれたり、共に学ぶのが当たり前なのだと元気づけてくれたりする仲間がいる。「ぼちぼち」の親たちは、励まし合い、頼り合いながら「振り分け」られることを拒否し、自分の子どもをふつうの学校に通わせた。

しかし、現実の学校生活では子どもたちは差別的扱いをされ、いじめなどに遭うことも少なくなかった。母親の子育てに問題があると「母原病」呼ばわりされた仲間もいた。

中本や水田の少し後にぼちぼちに加わり、中心メンバーとなった栄田は娘が通っていた小学校に対し、「学校に何かしてほしいと要求するつもりはないんです。ただここにいたいだけなのに、邪魔をしないでほしいと訴えたかった」と、当時抱いていた憤懣を打ち明ける。

ぼちぼちの親たちはそんな経験の数々を機関誌で共有した。

健常児と健常児の保護者には紳士的なふるまいをなさる先生が、障害児と障害児の保護者に対しては、子どもを目の前にして、どうして平気でひどいことをおっしゃるのか。それはたぶんその先生が障害の有無にかかわらず、どの子どももそれぞれの家庭で大事に育てられている子だという当然のことがわかっていらっしゃらないからだと思います。

「○子ちゃんは難しい勉強は不要ですから、大きくなってから困らないように最低限の読み書き、計算だけはできるようにしましょう。お母さんたちはいつまでも生きているわけではありません」と言われて「なにか納得できない、おかしい」と思いながら、「大きくなってからできないことがあっても、できないことは周りの人に助けてもらえばいいし、助け合える関係と人との付き合い方を身につけることが大事だと思っています」と答えた。

ぼくたちのクラスの和君は、言葉がはっきりしないし、あまりおしゃべりできません。でも、ぼくたちと遊んだりブランコをしたり、あいさつをしたりして過ごしています。ところが、その和君に「しょうがない者なのに、なまいきだ」とか、「あいつバカや。アホや」などと、いやなことを言う人がいます。ぼくたちはそれを聞いて、とてもおどろいたし、いやな気持ちや悲しい気持ちになりました。

時には、一筋の光を見いだすこともあった。

インクルーシブ教育と共生社会

２００６年、国連総会で「障害者の権利に関する条約」が採択され、この中で「障害のある子どもも、ないという子どもも、地域で共に教育を受ける権利」が保障された。その要となるのが「インクルーシブ教育」。単純に子どもたちがみんな同じ一つの教室で学ぶことではあるが、それには当然現在の授業形態の大幅な見直しが必要だろう。日本もこの条約を批准した以上、推進する義務を負うことになったのである。

では、国はどのようにインクルーシブ教育を実現しようとしているのだろうか。

その方針を記した文書には、「共生社会の形成に向けたインクルーシブ教育システム構築のための特別支援教育の推進」という傍点を付けずにはいられない表題が付され、次のような一文も明記されている。

〈多様な学びの場として、通常の学級、通級による指導、特別支援学級、特別支援学校それぞれの環境整備の充実を図っていくことが必要である〉（2014年に文部科学省初等中等教育局特別支援教育課が作成した報告文書）。

障害の程度に応じて教育の場を分けることを基本とする「日本独自」のインクルーシブ教育。その制度設計は、ノーマライゼーションや「障害者の権利に関する条約」の精神に違背することなく、それらに基づいていると言えるのだろうか？

日本のインクルーシブ教育について現状に批判的な研究者の一人、お茶の水女子大学副学長で発達障害の臨床などが専門の榊原洋一は、根本的な疑問を投げかけている。

『真のインクルーシブ』は、現在の普通学級とは全く異なる普通学級を作り上げた後に初めて実現するものなのです。発達障害をもつお子さんなど様々なニーズのある子どもに対応するために必要な教員と設備が整った『普通学級』に、地元のすべての子どもが通うのです。そのためには学校のシステムを大きく変える必要があり、お金も手間も大変にかかる制度改革が前提となります。（中略）

特別支援学校もインクルーシブ教育体制の一部であるとか、日本のインクルーシブはパーシャルインクルーシブ（一部だけのインクルーシブ）であるとかいった奇妙な理論（？）の上で、日本ではインクルーシブ教育が行われていると主張する背景には、現行の教育制度は変えたくない、という一致した強い意志があるとしか言いようがありません。（榊原が主宰するCHILD RESEARCH NET の所長メッセージより抜粋）

榊原のいう「現在の普通学級」での学びですら、それを選んだ子どもたちの中には、多様な人たちとの人間関係を取り結びながら地域での生活や仕事をこなす術を身につけ「社会人」となった人たちが少なからずいる。

「真のインクルーシブ教育」が実現し、共に助け合いながら存分に生きる力を備えた若者たちがもっともっと誕生することになればどんなに素晴らしいことだろうか。

読むことも書くことも計算もできなくても、欲しい商品をレジに持って行き、財布の中から適当にお金を出し、「足らないよ」と言われればもう一つお金を出す。そしてお釣りをもらうという、一連の流れさえ分かっていれば、買い物はできるのです。

生きていく上で一番大切なのは、自分の意思を伝えようとすること。そして相手とうまく意思疎通を図る力ではないでしょうか。人とのコミュニケーションは1対1の関係では学べません。たくさんの友達の中で、泣いたり笑ったり怒られたりしながら、身につくものだと思います。（「ぼちぼち」）

個性としての人工呼吸器

今井隆裕

呼吸器は生命維持装置などではなく、眼鏡や補聴器、杖などと同じ性質の日常生活補助具なのです。極端な話、近視や難聴だからといって、歩くのが不自由だからといって入院し続ける人がいるでしょうか。（中略）

地域で暮らせる環境や条件さえ整えば常に病院にいる理由は何もないのであり、私が地域で普通に暮らしたいと願うのは人間としてごく当たり前のことのはずです。

2000年5月22日「つっかいぼう通信」の番外編として発行された「今井さん通信」創刊号の中の一節である。

今井とは国立長良病院の「入院患者」、今井隆裕のことで、この文章を執筆した本人である。美濃加茂市に生まれ、10歳のときから長良病院で過ごしてきた。その歳月はこの文章を書いた時点で30年を数える。

今井の病名は、先に登場した高橋徹と同じ進行性筋ジストロフィー症だが、生命を維持するためには人工呼吸器を常に装着していなければならず、心臓にはペースメーカーが埋め込まれている。外見的には電動車いすを操作でき、座った姿勢を維持できる高橋に対し、今井は基本的にストレッチャーに「寝たきり」の生活を余儀なくされている。さらに気管を切開し呼吸器を付けているため声は小さく、文字を書くのは専用のワープロ頼み。指に箸のような棒を挟み、てこの原理で小さな力でもキーボードを押すことのできる特別な仕掛けが必要だった。

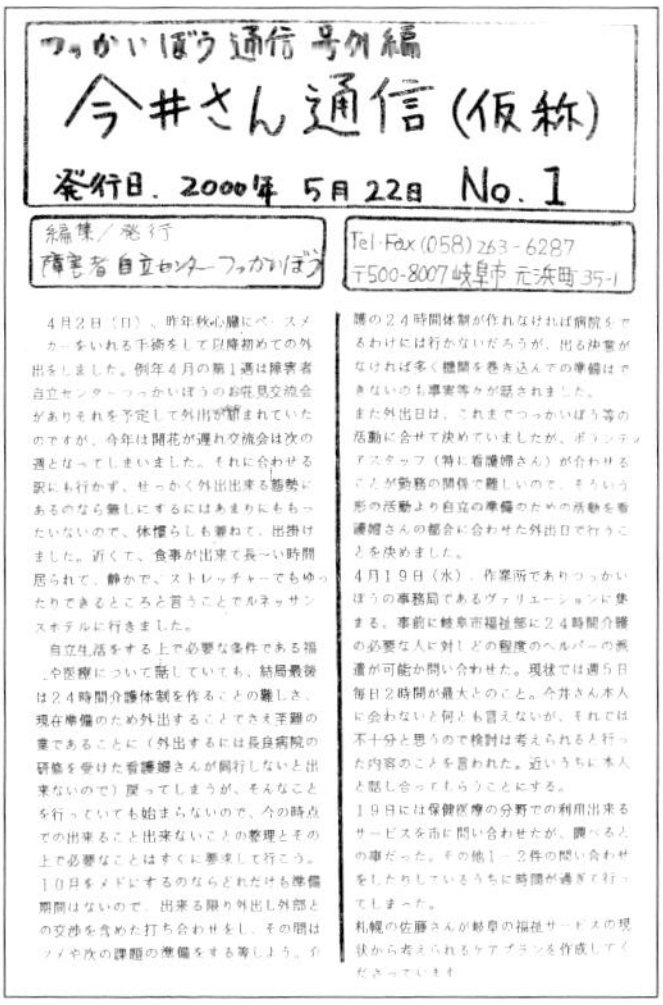
つっかいぼう通信 号外編

今井さん通信（仮称）

発行日．2000年 5月 22日 No. 1

編集／発行
障害者自立センターつっかいぼう

Tel・Fax (058) 263-6287
〒500-8007 岐阜市 元浜町 35-1

4月2日（日）、昨年秋心臓にペースメーカーをいれる手術をして以降初めての外出をしました。例年4月の第1週は障害者自立センターつっかいぼうのお花見交流会がありそれを予定して外出が組まれていたのですが、今年は開花が遅れ交流会は次の週となってしまいました。それに合わせる訳にも行かず、せっかく外出出来る態勢にあるのなら無しにするにはあまりにもったいないので、体慣らしも兼ねて、出掛けました。近くて、食事が出来て長〜い時間居られて、静かで、ストレッチャーでもゆったりできるところと言うことでルネッサンスホテルに行きました。

自立生活をする上で必要な条件である福祉や医療について話していても、結局最後は24時間介護体制を作ることの難しさ、現在準備のため外出することでさえ至難の業であることに（外出するには長良病院の研修を受けた看護婦さんが同行しないと出来ないので）戻ってしまうが、そんなことを行っていても始まらないので、今の時点での出来ること出来ないことの整理とその上で必要なことはすぐに要求して行こう。10月をメドにするのならどれだけも準備期間はないので、出来る限り外出し外部との交渉を含めた打ち合わせをし、その間はソメや次の課題の準備をする等しよう。介護の24時間体制が作れなければ病院を出るわけには行かないだろうが、出る決意がなければ多く機関を巻き込んでの準備はできないのも事実等々が話されました。

また外出日は、これまでつっかいぼう等の活動に合せて決めていましたが、ボランティアスタッフ（特に看護婦さん）が合わせることが勤務の関係で難しいので、そういう形の活動より自立の準備のための活動を看護婦さんの都合に合わせた外出日で行うことを決めました。

4月19日（水）、作業所でありつっかいぼうの事務局であるヴァリエーションに集まる。事前に岐阜市福祉部に24時間介護の必要な人に対しどの程度のヘルパーの派遣が可能か問い合わせた。現状では週5日毎日2時間が最大とのこと。今井さん本人に会わないと何とも言えないが、それでは不十分と思うので検討は考えられると行った内容のことを言われた。近いうちに本人と話し合ってもらうことにする。

19日には保健医療の分野での利用出来るサービスを市に問い合わせたが、調べるとの事だった。その他1〜2件の問い合わせをしたりしているうちに時間が過ぎて行ってしまった。

札幌の佐藤さんが岐阜の福祉サービスの現状から考えられるケアプランを作成してくださっています

2000年5月22日付
「今井さん通信」創刊号

　一言で表せば高橋より格段に「障害」が重いということになるが、それだけでなく、もし病院を出て一人暮らしをするとなれば通常の介助はもちろんのこと、呼吸器の気管内吸引などの「医療行為」が必要とされる。

そんな今井が自立生活を決意し、つっかいぼうが全面的にバックアップすることになったのである。１９９６年のことだった。

吉田の覚悟

長良病院はつっかいぼうが結成される以前から吉田たちと交流があり、常に何人かが出入りして関わりを持ち続けて来た。高橋徹の自立生活の引き金になった村瀬普もその一人である。彼は毎週、熱心に集まりに顔を出していたが、待望の自立生活を始める寸前に、20代の若さで亡くなっている。

こうした長良病院の仲間に限らず、自立を願いつつ他界した多くの友人たちを何人も見てきた吉田は、そのたびに自分たちの力不足を嘆き悔しい思いをしてきた。

学習会に遠く関市から毎回のように参加していた長瀬誠一さんを失いました。

彼は自らの命を自らの手で絶つという形の死を選んでしまいました。「なぜなのか?」。知らせを聞いてショックで体が震える中、その言葉だけが頭の中を駆け巡った。

何一つ告げず、急に遠ざかってしまって、ただ私たちは事実を受け入れることしかできなかった。なんの力にもなれなかったのか——、と悔やむこともおこがましいことなんだろうね長瀬さん?!

でも、もしかしたら彼は必死にSOSを送っていて、私たちは何も気づかなかっただけかもしれない? どんなにか苦しんだことだろうか?

彼は1988年2月12日の未明に灯油をかぶり、バレンタインデーのチョコレートが届き始める12日の午後に亡くなった。

彼の死を美化することや意味づけ、頑張ることに安直に結びつけることはしたくない。けれど事実がやはり心を追い立てます。みんなが集まっているときに、彼の姿が混じって見えるような気が今でもします。

「誠《せい》ちゃん」（彼がそう呼んでほしいと言ってた）、彼はときどきいやらしい男だったけど、そこが人間くさくて実はいやらしさを感じさせず、人恋しそうで、人の良さそうで、どこか寂しそうな笑顔が印象的だった。

いつも部屋で一人、本をいっぱい読み、レコードを聞き、女の子に心引かれ、あるときは大酒を飲み、やっかいをかけんようにと老いた親に気兼ねしながら、「みんなは毎日、何をして暮らしてるんだろう?」と悩みつつ、『寂しい』と仲間に電話しても誰も冗談と言って本気にしてくれんヨー」とこぼしていた誠ちゃん。

私の知っているのは残念ながらこれくらいなのだけど、寂しくなりすぎて電話もかけられなくなり死を選んでしまった?詮索しても無駄と思いながらしてしまう日々がずいぶんと続いた。（1988年11月15日発行「通信」）

亡くなった多くの仲間たちのことを思うと、いつまでも負けてばかりはいられない。そんな現実は終わらせてここで自立を実現させなければという思いが消えなかった。

もう一つ、入院している仲間たちは自立という言葉を心の中に封印して自分たちには全く関係ないこと、夢でしかないことと思おうとしているように見えた。それが決してそうではないことをいつか見せたいとずっと思っていた。（『記念誌』）

今井のようなケースの自立生活者は、当時全国的にも指で数えられるほどだった。大都市圏に比べ、福祉行政の遅れは否めずボランティアも少ない岐阜という地方都市において、今井の自立支援に乗り出すことを決めた吉田の覚悟は並々ならぬものがあった。

つっかいぼうや長良病院はもちろんのこと、行政や福祉機関、そしてボランティア……、いくつもの組織と大勢の人々の支援がこれまでの自立生活者とは比較にならないくらい必要になることは火を見るより明らかだった。家族や病院の説得も難航が予想された。そして何より、引き受けたからには、つっかいぼう、ひいては自分自身が背負わなければならない責任がとてつもなく重いものであることはいうまでもない。

いよいよ今井さんの自立生活に向け踏み出さなければならない！

吉田の切迫した胸の内は、肉声をそのまま文字にしたようなこの文面ににじみ出ている。


一人でも多くの理解者・応援者をつくりたい。

今の福祉と医療のレベルを明らかにした上で、どんなに重度な障害を持っていても希望したときにはいつでも地域で安心して自立生活ができるようにもっともっと福祉や医療を良くしていきたい。

自立への思いを抱きつつも声や行動にできず、胸の中に封印しようとしている人に決して自分の人生をあきらめないで一緒に行こうよと伝えたい。

あれもこれもしなきゃ、このことを伝えておかないと……、といろいろ考えて焦ってても電話一つ思うようにつながらず、さあ動こうと思っても、まずは看護師さーん。

膠着《こうちゃく》状態とはこういうことをいうのかな? なんか、もっとうまく進まないのかなー、と悩み、苦し紛れにこの「ニュースレター」発行を思いつき(中略)とにかく今は、いろんなところ・人に届け! と願っています。(2000年5月23日発行「今井さん通信」創刊号 以降「今井さん通信」と表記)

「不可能」を「可能」にする

この通信を発行した2000年5月22日がちょうど今井の外部への本格的な働きかけの始動日となった。話し合いや交渉事などには必ず吉田と専門の看護師がボランティアとして同席した。今井の外出許可は、気管内吸引や外出用呼吸器の管理などに関する研修を受けた医療有資格者の同行が条件だった。

5月22日　岐阜市の障害福祉課、社会福祉協議会ヘルパー担当、中央保健所の担当者と話し合い。以降も具体的な課題解決のため必要が生じるたびに開催

福祉関係当局とは事前にヘルパーの派遣について問い合わせをしていたが、まずは本人の状態や希望を把握したいとのことで、初の顔合わせとなった。ヘルパー派遣に関し、当時、岐阜市で最も多く利用していたのは、つっかいぼうの花村で、一日2時間、週5日という体制だった。24時間、いっときたりとも介護に穴を空けてはいけない今井にはそれではとうてい足りなかった。

絶対量を増やすと同時に、介護の質を確保するための「自薦登録ヘルパー制度」の導入を岐阜市に求める必要もあった。この制度は当事者自身が選んだ介護者を公的ヘルパーとして登録してもらい、その人本人に来てもらうという仕組みである。介護に習熟度や技術を必要とするため、日替わりでころころ人が変わっていては用をなさない今井のようなケースには必須の制度であり、静岡市や札幌市などでは既に運用されていた。

岐阜市側の出席者は、実際に今井に会い、ひととおり話を聞いてそれらの必要性を認識したようではあったが、現実的には困難という見解を示した。今井の希望は量・質共に岐阜市のヘルパー派遣の現状とはかけ離れており、制度設計の抜本的見直しが必要だった。吉田は「よほどの決意と忍耐と学習でもって頑張らないといけない」とあらためて気を引き締めた。

8月17日　長良病院の指導員、看護師長、担当看護師と在宅（自立）生活に向けて打ち合わせ

長良病院に対しては、まず退院までの準備期間の対応自体を正規の仕事として位置づけてもらうよう依頼した。本来病院とは、医療行為を行うための施設であり、今井の在宅移行＝自立生活移行に対する支援は必ずしも行わなければならない業務ではないからである。

この求めに応じて長良病院は担当者を選任し、正式に話し合いのテーブルに着いた。これには非常に大きな意味があった。筋ジストロフィー症の人たちに在宅への道を開いたこと、さらに言えば「自立生活」という言葉がこの病院で語られること自体、画期的な出来事だった。吉田は「今井だけでなく、病棟の仲間、大きくいえば呼吸器を使用し病院で暮らす障害の重い仲間にとっても大きな一歩だと思います」と、その意義の重大さを伝えた。

今井と同じ筋ジス患者で、後に自らも自立生活を始める後藤篤謙もこのように振り返っている。

なにしろ医療的ケアが必要な最重度の筋ジストロフィー患者が、完全看護の病院を退院して地域で暮らすわけですから、その衝撃の大きさは想像に難くないでしょう。しかも、毎日の生活を支える介助者は、ボランティアではなく有償のヘルパーというではありませんか。

それまで地域で暮らす障害者は、ボランティアや友人の献身的な協力の上になんとか生活を成り立たせているものとばかり思い込んでいた人たちにとって、それは驚きでした。

そして、長良病院で入院生活を送っている人たちの中に、「これなら自分にもできるかもしれない」「自分も退院して地域で暮らしたい」という思いを抱く人が一人また一人と現れました。（『記念誌』）

この日の打ち合わせ以降、月1回の会議が定期的に行われ、緊急時の対応など自立生活に必要な医療面での注意点が綿密に検討されることになった。つっかいぼうも支援体制強化のため、吉田の他に、もう一人担当者として石井一樹（現NPO法人つっかいぼう副理事長）を加えた。

退院後の暮らしの支援に関しては、訪問看護ステーションを決めて相談を始める一方、24時間介護の体制を確立するため、新聞、テレビへの情報提供やチラシ、口コミなどでボランティアを募った。募集については長良病院の指導員も医療機関のネットワークを生かして働きかけ、「今井の手や足となる人がたくさん必要です。静岡や北海道で実現できることが岐阜で実現できない訳が無いので是非力を貸していただきたいと思います」と呼びかけた。

10月　岐阜市長に対し要望書を提出

1、ヘルパー派遣の時間数と時間帯の制限の撤廃
2、全身性障害者介護人派遣事業、自薦登録ヘルパー制度の導入
3、移動をサポートするガイドヘルプ制度の拡充
以上3点について、地域で重度の障害者が当たり前生活を送るためにと前文を添えて提出した。

11月6日　岐阜市が要望書に回答

岐阜市障害福祉課の担当者が回答書を携え長良病院で話し合い。病院からは指導員以外に病棟の仲間やデイケアに通う人たちの親ら10人近くが参加した。時間制限の撤廃は何とか対処したい。自薦登録ヘルパーについては翌年度の「障害者計画」の見直しの中で考えていきたいとの回答だった。
30年の長きにわたり外の世界と没交渉だった今井は、「話しにくさ」という肉体的なハンディキャップも手伝って、こうした話し合いや交渉事の得手不得

手以前に、自ら他者とコミュニケーションを図ることが苦手だった。しかし、ほとんどの場に同席していた吉田は、そうした今井の姿勢や態度にあえて厳しい注文を付けていた。

体の位置が1ミリずれてもしんどい筋ジスの人にとって、毎回違う介護者に体の位置を指示して自分の心地良い形に持っていくことは想像以上に大変です。慣れていなければ、何分も何十分もかかる作業です。それを一人一人の介護者に毎回言い続ける。料理や掃除のやり方の指示とは比べものにならないでしょう。全て分かっていてほとんど何も説明しなくても過ぎていく病院の暮らしとは全く違います。（中略）

指示する力をつけること、へこたれずに何度でも説明できること、自分がこうしたいと思ったことはちゃんと人に伝えること。反論されたらすぐに引っ込めるのではなくてしっかり話し込めること。

こういった一つ一つの体験を積み重ねていくことや、専従介護の体制を作ることが必要だと思います。（8月25日発行「今井通信」）

自立生活への移行は遅々として思うように進まなかったが、吉田たちと共に時間を過ごし活動を続けるうちに、今井は徐々に精神的な強さを身に付け、主体性の発揮を意識する生き方に傾いていった。

活動が本格化し半年が経過した後に執筆された本人の文章である。

介護者として以前に人としての信頼関係、絆というものを築くことをしないと何も前進しません。

24時間介護が必要な私が自立生活の介護を頼むということは、端的に言うとその人に命を預けるということであり、その人からすれば丸ごと私の命を受け止めることになります。ですからお互いに遠慮してしまうような表面的な人間関係では決して長続きしないと思うのです。（2001年3月15日発行「通信」）

私自身が生活の全てを判断し、選択し、決定しなければならない。それで、もしご飯を食べそびれても体調を崩しても全ては自分の責任であり、介護面で人を頼むことはできても、生活の舵取りは私がやらなければ、誰もやってくれない。これが自立生活の基本であり、これをできなければ自立生活の意味などないし、それならばリスクを冒して病院を出る必要などないといわれても仕方のないところだ。（6月初旬発行「今井通信」）

私は介護者に援助を頼むと同時に、介護者の責任者でもあるのだ。いうならば私は「今井隆裕号」という船の船長であり、どんなに波風が高くても船員が迷ったりしないように先頭に立って進路を決めなければならない。（6月18日発行「今井通信」）

2001年1月27、28日　在宅移行で先行した国立鈴鹿病院の取り組みに学ぶため泊まり込みで話し合い

3月13日　吉田の父親の友人が所有する物件下見

新居は岐阜県のスポーツ施設が集まっている長良福光地区の平屋のアパートに決定した。間取りは3Kで、建物に車を横付けできる。今井を乗せたストレッチャーごと出入り可能なリフトの設置にかかる。

4月　岐阜市に要望していた自薦登録ヘルパー制度が本年度整備

自薦登録ヘルパー制度と同時に要望書で求めていた無料の公的ヘルパー派遣の時間数撤廃の回答は、とりあえず1日5時間とされたが、24時間介護のための費用面や専従一人を含めた有償ボランティアのやりくりは何とか目途が立ちそうだった。残された課題は医療・看護体制の構築である。

今井に装着されている人工呼吸器の操作が医療従事者しかできない行為にあたるかどうかの判断は、法的にはグレーゾーンで明確にされていなかった。今井の自立生活開始の鍵を握る問題ではあるが、現実に在宅の人工呼吸器使用者に一般の介護者が関わって生活を支えていたり、それを付けている子どもが学校に通ったりしている実例が既に全国にはいくつもあった。もう後戻りはできない。

5月26、27日　住居に決定したアパートで合宿医療研修

医療行為云々の問題から、表向きは今井の家族向けの研修としつつ、介護に加わってくれる人たちを対象に人工呼吸器の取り扱いについて看護師がレクチャーする研修会を実施した。実際に母親は全日程に参加した。

介護者の人数が増え、今井との顔合わせや宿泊体験も兼ねていたため研修会は当日以降、ほぼひと月に1回行われた。こうした取り組みを重ねること自体が知り合いの輪を広げ、学生を中心に研修参加者の増加につながっていった。

自薦登録ヘルパー制度がはずみを付けた介護と看護の体制構築はここに来て加速し、並行して進めてきた地域の医療や福祉のネットワークもほぼ確立された。今井と吉田は自立生活開始の手応えを感じ始めていた。

6月1日　医師や保護者も交え、長良病院の関係者一同による初めての打ち合わせ

退院を控え現状と課題を確認。事前に1週間程度の自立生活体験を何回か行うことなどを決める。

7月20～23日　自宅アパートで自立生活体験の第1回目

自立生活スタート後を見据え、今井が指示するまでは介護者は何もしないこと、同席する看護師は手を出さないことを約束事とした。

予想された通り、今井の思いはなかなかうまく介護者に伝わらなかった。また、人工呼吸器の気管内吸引やガーゼの取り替えに介護者が手間取り、看護師が口を出さざるを得なくなるような場面も頻発した。時間通りに看護師が一切やってくれる病院生活とは全く異なることを今井はつくづく思い知らされた。

本人も介護者も共に手探りで始まった自立生活体験。

課題や反省点は山積みだったものの、退院までに何度も体験を重ね、慣れていく中で、しっかり気持ちを切り替えていければと前を向き自らを励ました。

8月31日　10月中旬を目途に退院許可が出る

今井の母親が「在宅の生活にあたっては自分が責任を持つので試験的に退院させてほしい」と長良病院に申し出て、ついに許可されることになった。

退院までの日々は、ヘルパーの申請や介護者、ローテーションの決定、住宅のバリアフリー化工事、医療物品を含めた生活必需品の選定・購入、生活保護の申請など市役所への手続き諸々の他、病院や訪問看護ステーションとの詰めの折衝、さらには消防署や電力会社への連絡とかもあり、目が回るほどの忙しさだった。特に医療面については念入りに漏れがないよう確認を進めた。

最初は生活するだけで精一杯かもしれませんが、私にはそれ以外に大きな目標があります。それはどんなに重い障害があっても地域で普通に自立して暮らせるような社会状況にたとえわずかであっても近づけていく努力をすることです。

こうした状態でも多くの人の協力が得られれば、地域で普通に暮らしていけるということを常に発信し続け、介護制度等の改善を行政に粘り強く働きかけていきたいと思っています。

皆さん、どうか私に力を貸してください。（２００1年10月発行「今井通信」）

自立生活

11月12日、長良病院を退院。アパートでの暮らしが始まる

12月24日のクリスマスイブに私の家で小さなクリスマス会がありました。退院して初めて迎えるクリスマスで、それまではクリスマス気分などというものは全くなかった私でしたが、I君とYさんが遊びに来てくれて、ささやかな工夫で一生懸命クリスマスイブを盛り上げてくれました。それを見ていてこれが生活を楽しむということなんだなと思いました。

特別なことでなくても生活の中に小さな楽しみを見つけることが喜びになるような、そんな暮らしにしていけたらいいなとあらためて思っているこのごろです。（２００2年1月発行「今井通信」）


自立生活を始めて1カ月あまり。大過なく年末を迎えることができ、自宅でくつろいでいる様子がうかがわれる文章である。

24時間介護、しかも医療ケアが必要というつっかいぼうでも始まって以来の自立生活だけに、関わる人たちの数は予想をはるかに超え、のべ１２０人に上った。手探りの中。どれだけ準備してもしきれず、さまざまな変更や再調整を強いられた滑り出しだった。しかし、一日一日と慣らし運転期間が過ぎていくうちに、今井と介助者の「呼吸」は徐々に合ってきて、生活はすっかり安定していった。

様子を見に訪れた吉田は、「指示出しはずっとうまくなったね。笑顔が入院中よりずっとずっと増えて表情も豊かになったと思うよ」と、以前とは見違えるような今井の変わりように驚きを隠せなかった。

すぐ先には介護の大きな戦力となっている大学生の春休みや卒業などを控え、ただでさえぎりぎりの人員でやりくりしているローテーションが火の車となることは目に見えていた。それでも、帰省などで最初のヤマ場と危ぶんでいた年末年始を何とか乗り切る目鼻がたち、自信めいたものも芽生えてきた今井だった。

10年の歳月

今井の自立生活がスタートしてちょうど10年が過ぎた。

その間にボランティアに頼ることなく、公的ヘルパーによる24時間介護が実現した。安定した介護体制のもと、最も危惧された健康面は、外出などの日常活動を適度に行いながらも慎重を期した日々の暮らしぶりの継続により、概ね良好に維持された。

病院にいるころは年に1回ほど肺炎にかかったり、点滴のお世話になったりしていて、本人自身、「自立生活は1年持てば上出来」が正直なところだった。しかし、実際に始めてからというもの、長良病院に戻ったのは、5年4カ月たったときに心臓のペースメーカー交換で入院した1回きりだった。

退院後の暮らしで幾分体全体が引き締まったからだろうか、親しいボランティアは「アンパンマンから渡辺謙に華麗に変身した」と評した。髪はいつも短く清潔に刈りそろえていた。

5年の節目を迎えたときには、介助などに関わった人たち20数人で「今井隆裕とみんなの同窓会」を開いた。

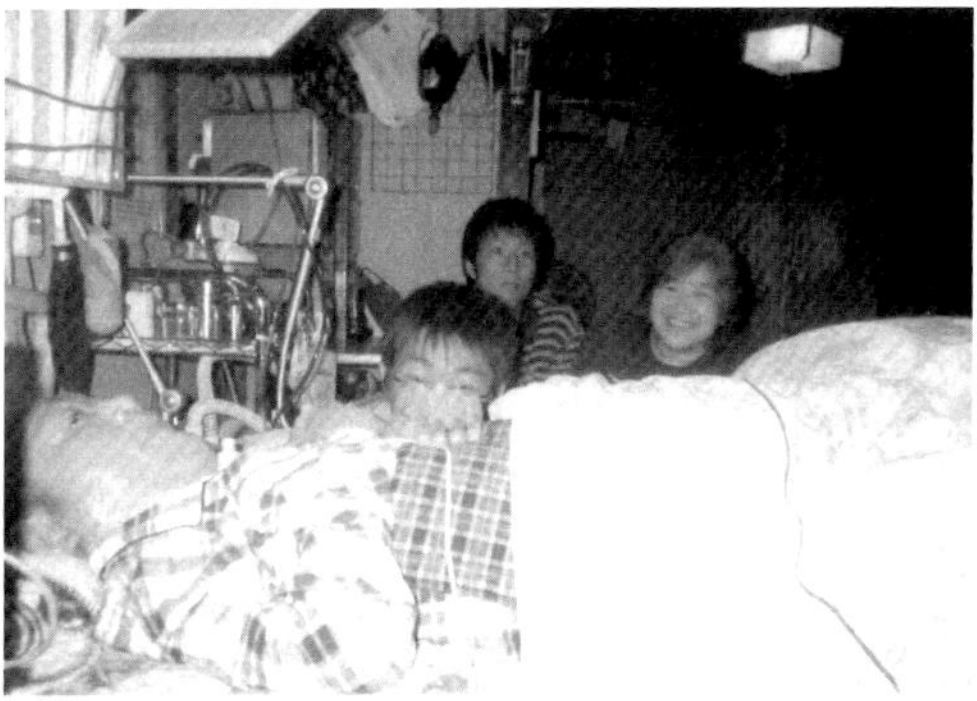
今井の自宅にて　右奥は吉田

そして、10年目の2010年11月28日には、前回の倍近い参加者が集まって「今井と一緒に祝う会」を行った。今井が前日に体調を崩し入院したため、主役不在ではあったが、彼を中心につながっている仲間たちは、思い出や苦労したこと、失敗談などを肴に大いに盛り上がった。

会場で配付された「通信」には、当日来られなかった人も含め、53人が寄稿したメッセージが掲載された。ページ1枚全部を埋めた吉田の文章の末尾は今井へのエールで締めくくられた。

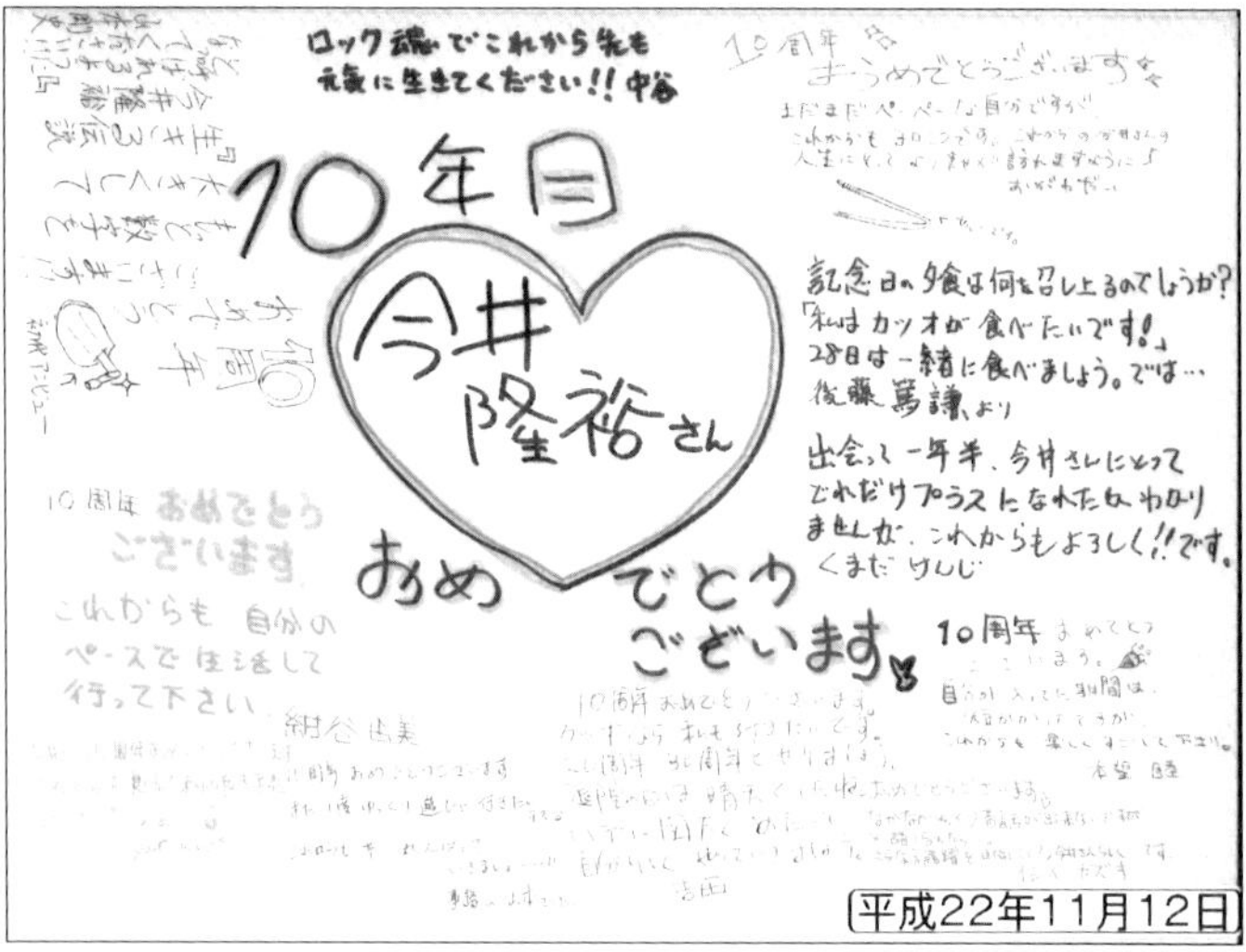

自分らしい暮らしを大切に
これからもより健康で素晴らしい
人生でありますように！

まさか今井の「素晴らしい人生」が、これっきりになるとは……。

彼のことを思い、楽しい時間を過ごした出席者の誰が想像しただろう。

欠席した同窓会から4日後の12月1日、今井は齢50歳で帰らぬ人となった。

詩や短歌が得意でそれらの著書もあった今井。自立生活に臨むにあたり入院している後輩たちにこんな一首を残している。


この子らの前途に我がいるならば希望のレールを敷いてゆきたし

新たな時代

ＮＰＯ法人障害者自立センターつっかいぼう誕生

２００３年、障害者に対しどのような支援をしていくかを行政が決める、これまでの「措置制度」が、「支援費制度」に改められることになった。この制度はその名の通り、一定の支援費を当事者に割り当て、そのお金で自分が使いたい介護サービスを提供する事業所を選んで契約し、利用するという仕組みである。

考え方としては利用者本位の制度でノーマライゼーションの延長線上にあり、つっかいぼうなどが求めてきた「自己決定権」を満足させる改革ではあったが、いくつかのデメリットもあった。

このうち利用者の生活や生存そのものを左右する最も重大な問題は、今井も活用していた「自薦登録ヘルパー制度」が廃止されることだった。ヘルパー派遣事業は行政の手から離れてしまい、民間の介護事業所に移った。このため、利用者と慣れ親しみ、家の隅々まで勝手が分かっているようなヘルパーに来てもらうためには、どこかの事業所に所属してもらわなければならなくなったのである。

医療的ケア、同性介護、24時間365日の派遣、自立支援……、を行っている事業所は皆無で、当事者の意志を尊重した介護、自分たちがしてほしい介護を得るには自分たちで事業所を作るしかなかった。（『記念誌』）

支援費制度の実施を見越して吉田は、前年の2002年に介護派遣事業開始に必要な法人格の取得を申請し、その年の秋には「特定非営利法人（NPO法人）つっかいぼう」の名称で認証を受けた。この法人化の前段階から体制づくりは始めていて1999年に車いす移送サービスを開始し、今井の自立生活支援のため2001年には介護派遣部という組織を立ち上げていた。

つっかいぼうが仲間同士の集まりからNPO法人という社会的な組織へと生まれ変わった背景には、世の中の大きな変化があった。

低成長経済が常態化したオイルショック以降、国は財政負担を減らそうと、予算や事業、公務員の数を縮小する「小さな政府」路線にシフト。行政機能に代わるものとして民間活力いわゆる「民活」の導入が叫ばれるようになった。福祉分野においても、「基礎構造改革」の名の下に、「措置から契約へ」、「応能負担から応益負担へ」と福祉サービスの形態が大きく転換された。

超高齢社会への備えがそれに拍車をかける。間違いなく増加の一途をたどる高齢者福祉サービスの量と費用をまかなうためには、民間企業の参入や競争原理の導入などによりコストを削減し、効率化を図る必要があるという判断だった。

そうした大原則にのっとり、２０００年、国民一人一人に関わる介護保険制度がスタートした。ＮＰＯ法人の登場や支援費制度への移行も大枠としてはそうした流れに棹さすものであり、障害者福祉に関わる諸施策も市場経済に組み込まれていくことになった。それは当事者からすると、行政とのつながりが稀薄になり、責任が曖昧化するという看過できない問題も孕《はら》んでいた。

ただ、それらの問題点があるにせよ、全国の障害者団体の中からは必要に迫られ、自ら介護事業に乗り出さざるを得ないところがいくつも出てきた。つっかいぼうもその一つであり、今井の「自薦登録ヘルパー」の人たちに継ぎ目なく、そのまま介護を続けてもらうためにも、2003年の4月から介護事業所をスタートさせなければならなかったのである。

「NPO法人障害者自立センターつっかいぼう」の理事長には吉田が就任し、戸田は理事、山内ゆきえと後藤篤謙が副理事長に就いた。古くからのつっかいぼうの仲間が要となり、障害者・健常者合わせて12人のスタッフによる船出だった。

ここからはヘルパー派遣と働く場＝小規模通所施設の運営という二つの事業の充実・拡大にひた走らざるを得ない状況となった。地域に出て暮らしたり働いたりする仲間たちが増えるにつれて吉田たちに求められる仕事は多くなり、つっかいぼうや、つながり亭の機能が高まるほど障害者のニーズが増大するようになっていったのである。

２００４年には、岐阜市のスポーツ拠点が集まる早田地区のビルの一階に、つっかいぼうと自立支援部が引っ越した。窓が大きく日当たりの良い仕事場にはパソコンが並び、移動をサポートする福祉有償運送や相談支援事業も開始した。

その８年後の２０１２年、つながり亭とヴァリエーションを閉所・統合し、新らしく岐阜市の郊外「古市場」に建設した「ビー・カンパニー」にそれらの機能を持たせることになった。

ビー・カンパニーはこれまでのつながり亭などとは異なり、障害者が働く場の運営方式の一つとして国が定めた「就労継続支援Ｂ型」の事業所である。名称の頭はその「Ｂ」とも重なっているが、意図しているのは英単語の動詞「Ｂｅ」とミツバチの「Ｂｅｅ」で、カンパニーはそのまま「仲間や人の集まり」の意。「障害のある自

移転後のつっかいぼう（岐阜市早田東町）

分を否定するのではなく、肯定し、しっかりと存在する。ミツバチのように朝早くから羽音を立ててにぎやかに楽しく自然と共に働く」とは吉田の思いである。

ビー・カンパニーがあるのは、岐阜市立黒野小学校が目の前にある住宅街で、車10台は楽に止められる駐車場や自然食のレストランが併設されている。鉄筋コンクリートの平屋を3棟つないだような造りの建物は、白を基調にした和洋折衷の「今どき」の装いで、前年に起きた東日本大震災の原発事故を教訓に、屋根には太陽光発電パネルが乗っかっている。

ビー・カンパニー（岐阜市古市場）

何はともあれ「ピカピカ」の新築！　あの「つっかいぼうの家」を思うとまさしく隔世の感があった。

障害者を取り巻く世の中の動き

ＮＰＯ法人化して以降のつっかいぼうが、人員や組織の拡充に追われていた２０００年代初頭以降、国の障害者に対する施策は猫の目のように変わった。

利用者が増え財源不足に陥った支援費制度は、施行後わずか３年後の２００５年に廃止され、「障害者自立支援法」が施行された。自立支援法ではこれまで支援の対象とされなかった精神障害や発達障害のある人たちも含まれるようになったが、利用者の１割負担などが盛り込まれ、つっかいぼうをはじめ、全国の障害者団体は一斉に反発。利用者負担を巡り訴訟にまで発展した。

このため２０１３年には「障害者総合支援法」に

岐阜市など

障害者自立支援法案に反対

関係団体がビラ配布

街頭演説やビラ配りをして法案への反対運動をする参加者＝岐阜市神田町

県内の障害者関係五団体と支援団体のメンバーが十八日、岐阜市神田町の名鉄岐阜駅周辺で、国会で審議中の障害者自立支援法案の成立に反対するビラの配布や街頭演説などの啓発運動を行った。同法案に反対する全国一斉行動にあわせて行われ、県内では多治見市でも行われた。

岐阜市での運動にはＮＰＯ法人障害者自立センター「つっかいぼう」（吉田朱美理事長）の関係者ら五十人が参加。障害者らが車いすから身を乗り出してビラを配るなど、法案への反対の意思と運動への理解を訴えた。

街頭演説を行った後藤篤謙さん（三七）は、障害者に対する負担や公費負担医療制度の見直しなど法案の抱える問題点を指摘。「障害者の将来的な自立を阻むことになりかねない」として障害者側の不安な立場を訴えた。

吉田さんは「法案は内容の重大性に反してあまり知られていない。法案の問題点を多くの人にアピールできれば」と話した。

2005年5月19日付岐阜新聞

改められたが、利用者負担は温存され、介護保険との統合の布石ではないかと疑問視する声が上がった。一本化により65歳以上の障害者の負担が増える、いわゆる「65歳問題」がクローズアップされたのである。

翌2014年、日本は国連の障害者権利条約締結国となり、その2年後には条約をより実効性のあるものとするため、障害者差別解消法が施行された。

障害者権利条約の第一条は、このように記されている。

「すべての障害者によるあらゆる人権及び基本的自由の完全かつ平等な享有を促進し、保護し、及び確保すること並びに障害者の固有の尊厳の尊重を促進することを目的とする」。

今、そしてこれから

3年越しのコロナ禍に物価高騰が追い打ちをかけた2022年の年の瀬、冬の低い日差しが差し込むつっかいぼうの事務所は、大方のスタッフが出払っていてがらんとしていた。中にいたのはパソコンのモニターとにらめっこしている施設長の石井一樹と女性が一人。そして、吉田はというと、決済を行う机上の書類に目を通していた。

ずいぶん前から真っ白だった髪は、最近わずかに茶色に染めた。時のたつのは早いもので、古い民家に仲間が集まり、ひざ突き合わせ議論に明け暮れた、つっかいぼうの家の時代から30年が経過していた。彼女も高齢者の仲間入りをし、背中は幾分丸くなった。

成人して以降、ずっと障害者運動に取り組み、自分たちの声を世の中に反映させようと、時にはまなじりを決して行政や公共交通機関相手の交渉事に臨んできた吉田であった。

ところが、1996年に福祉や医療、障害者団体の関係者らでつくる岐阜市障害者施策推進協議会の委員に選任されて以降、今日に至るまで、重度障害者の実情を知り、その思いや要望を汲むために行政の方から彼女の意見を聞こうとしている。吉田のスタンスは昔から常に一貫しているが、その立ち位置が時代の変化と共に変わったのである。

つっかいぼう自体、かつては「運動」の主体だったが、現在は「事業主体」。今年、２０２２年の時点でスタッフと利用者、会員、全部合わせると２００人を超える大所帯となった。自立生活を送っているのは古株の山内ゆきえをはじめ13人。この内７人が重度である。ビー・カンパニーでは17人が働き、通信販売を中心に地産地消の果物や手作り無添加のジャムなどを扱っている。

２０２４年には、障害者が地域で暮らすためのグループホームがビー・カンパニーにほど近い岐阜市郊外に開設される予定で、ここには「ぼちぼち」の

岐阜市で「交通バリアフリー教室」

バリアフリーをテーマに講演する吉田朱美さん（左）＝岐阜市長良福光、長良川国際会議場

バス運転手ら
介助の体験も

県内のバス運転手らを対象にした「交通バリアフリー岐阜教室」（国土交通省中部運輸局岐阜運輸支局主催）が、岐阜市長良福光の長良川国際会議場で開かれた。

ハード面の整備だけではなく、気配りの面でも高齢者や障害者にとって快適な業務に努めようと企画され、県内の乗合バスや貸切バスの運転手、バスガイド計二十四人が参加した。

同市のNPO法人「障害者自立センターつっかいぼう」理事長の吉田朱美さんが「心のバリアフリーを進めるために」と題して講演し「健常者を締め出すような障害者だけの設備を求めてはいない。みんなが使える設備を整えてほしいだけ」と話した。

引き続き、参加者はアイマスクで視覚障害を擬似体験してバスに乗車、介助も行い、利用者の視点で業務を見つめ直していた。（宮本覚）

2006年1月24日付岐阜新聞

仲間の子どもも入居することになりそうだ。

「ぼちぼち」の機関誌は、2003年から休刊していて、定期的な集まりも最近は開かれていないが、水田たち創設時のメンバーのうち、何人かはその後もつっかいぼうとかかわりを持ち続けている。子どもたちが学校を卒業し、今度は働くことや自立生活の当事者となっているからだ。

栄枝るみの娘は、普通の学校で義務教育を受け、職業訓練校をなど経て現在は毎日、張り切って働いている。学校生活で得た友人たちとは、今も仲よくしているという。つっかいぼうのグループホームで暮らすことを考えているのはこの娘さんである。

水田の二人の子どもも地域の小・中学校を修了

グループホーム完成予想図

することができた。一人は大学卒業後、社会人の仲間入りし、もう一人はつっかいぼうが運営しているビー・カンパニーで働いている。

栄枝にしても水田にしても「ぼちぼち」の子どもたちは、親に連れられ機関誌「ぼちぼち」印刷の合間や交流キャンプなどのときに、つっかいぼうの仲間に遊んでもらっていた小さいころからのおなじみさんである。

つっかいぼうが目指していた「地域で暮らし、働く」という目標は、少しずつではあるが達成されようとしている。だが、まだまだ吉田はゆっくり休ませてはもらえないようだ。

つっかいぼうは設立当初から重度障害者の地域での自立を掲げてきた。

その活動の中、自立生活の体験をつっかいぼうの家で重ねた後、家を借りて自分でできないことはヘルパーに手伝ってもらいながら一人暮らしを始める人が生まれた。長く暮らした病院から退院して一日24時間のヘルパーを利用して医療的ケアを受けながら地域で暮らす人も現れた。

この人たちの実践は主に身体に重い障害を持つ人たちの自己決定を大切にした自立の形である。この形には馴染まない人（障害）もありそうで、そうした人たちにはもっと他の暮らし方・自立の方法はないか、いろいろな暮らし方の中から選べられると良いのにと思っていたところ、知的障害の方の家族から、グループホーム（以降ＧＨ）の建設を希望される声が上がった。

その方々に共通していたのは、親が年を取ったので住み慣れた地域を去り施設に入所という選択はさせたくないという思いだった。地元の小学校の普通学級に入学し、理解のある対応も差別的な対応も受けながら中学・高校へと進み、共に学び共に遊ぶ関係も生まれてきたのにどうしてということである。

面倒を見る親がいる、いないということと生活の場を自己決定することとは別問題というのは、障害者が生きる上での大前提のはずだが、現状はまだ思い通りにはなっていない。つっかいぼうは１９８８年に家を借りて活動を始め、今年で34年、作業所としては30年が経過している。法人全体ではさまざまな年代の障害者が関わるが、家族だけで障害のある子どもを支えていくのは、そろそろ限界という人たちも少なくない。すでに、母親が亡くなり入所された人もある。

そうした現状や意見を踏まえてGHの必要性は十分あると受け止め、建設する方向での検討を始めることにしたが、まずはビー・カンパニーに通う本人・家族に対し「将来どのように暮らしたいか。GHは利用したいか」を聞いてみることにした。

「それはまだ先のこと。ずっと一緒に暮らしていきたい。親がみることができなくなったら、そのときは施設かどこかにお世話になりたい。先のことはあまり頭にない。GHの利用はあまり考えてない」。表立ってGHを求める声を上げている人たち以外からは、このような答えが多かった。

親は自分が子どもを見ることができなくなったとき、どうするつもりなのか？　最後は国が何とかしてくれるという期待があるのだろうか？

障害のある、わが子の「自立」とはどういうものと考えているのだろう？「とうてい無理」と諦めているのか？　はたまた、自分が世話できなくなったときの「施設入所」がある意味自立（独立）で、その時期は子どもの成長で決まるのではなく自らの高齢化の進行次第と思っているのだろうか。

指先を動かすことすら困難な人が地域で自立生活を送っている一方で、家族か入所かの二者択一の中でしか生きられない現実がある。それはきっとどんなに重い障害を持っていても地域で自立して暮らすことができる、いわゆる「居住地を選択し、及びどこで誰と生活するかを選択する権利を有する」という考え方が国の政策に根付いていないからではないかと思う。

2021年、岐阜市と周辺の特別支援学校または特別支援学級に通う小学生から高校生までの児童生徒を対象に通学の様子のアンケートを行った。質問の一つとして「通学の方法」を尋ねた。有効回答数は351人で全体の34％に当たる。

最も多かったのが160人に上った自家用車による通学、次いでスクールバスと徒歩の110人ずつが続いた（複数回答あり）。そして通学についての自由記載には多くの重要なことが書かれていたが、「母の体調不良や用事がある場合には学校を休ませなければならない（親の送迎や付き添いに代わるサービスがない）」というコメントもあった。

そもそも、登下校は親の責任で行うものなのか？　ましてや親から離れて、家族以外の人との関係を作り、独立心を育てる必要のある時期に親が同伴するのはいかがなものかと思わざるを得ない。教育を受ける機会が保障されたと言われているが、それを支える通学や付き添い、医療的ケアなどは親の自己責任でよいのか？　社会的配慮の不足が露呈されているのではないだろうか。

GHという障害者の「住」について考えていたら、根っこのところではこの親がかりの通学と地続きであることが、ふと思い起こされた。

アンケートの問いとは別に、障害を持つ本人たちに「これからどうやって暮らしていきたい？」と直接聞いてみたところ、「一戸建てかアパートに住んで、ヘルパーに来てもらって暮らしたい」と何人かが答えた。

ビー・カンパニーには、ヘルパーの手を借りて一人暮らしをしている人が既に何人かいるし、つっかいぼう全体で見てもヘルパーを利用して暮らす人は多く、そういう生活を送りながら、つっかいぽうのイベントなどに参加する姿はもうおなじみである。

ヘルパーとのやり取り、手を借りながら一生懸命生活している姿、楽しんでいるところ、自分の生活の主人公になっている生きざまなどに触れ、障害のある子どもたちが「自分にもできるかもしれない、いや、してみたい」と希望を見いだしてくれたことがうれしかった。そして、将来自分を見てくれる人がいなくなったら施設に入りたいと思う人ばかりではなく、何らかの方法でこれまでの生活を続けていきたいと願う人の存在を知り、活動してきてよかったと心底思った。

先に触れたように、そうした人たちの希望に応えようと、現在、私たちはGHの建設に取り組んでいる。GHとは障害者が少人数で職員の手を借りて共同生活を送る家のことで、つっかいぼうでは男女各6名を定員として、その他にショートステイ各1名ずつ加え、合計14名が利用できるような建物2棟を建設し運営していく予定である。運よく補助金が申請できて順調に進んでいけば2023年の秋に着工、2024年4月には入居を予定している。

ここには男女各棟に一人分のショートステイ用の部屋がある。設置基準は居室一部屋で足りるのだが、ぜいたくなことにトイレ、浴室、台所を備え、支援者用の別の部屋まである。

お金もないのにと思われると思うが、自立支援のためには自立体験室が欲しかった。GHは一生のすみかであってもいいし、自立のためのワンステップとしても使ってほしいのだ。ショートステイ利用者で希望があれば、ホームの中で自立体験プログラムを行いながら生活力を付けて行くことができるようにしたい。

自分で食事が作れなくても、メニューをどうするか、食材は何が必要かを考えて、作り方をちゃんと伝えることができること、自分で風呂に入れなくても準備や介護の仕方を伝えられることが「自立生活」なのである。バランスの良い食べ物を買うことも大切だし、ときにはお弁当で済まそうと判断することもあっていい。そういう力を付ける場にしたいし、そのためのプログラムも用意したいと思っている。もちろん入所施設を利用していて施設を出て自立したい方や在宅の方の方も大歓迎である。

そして、そのための準備段階の場にもなってほしいと考えている。

ふだんの生活の中で、自立生活をしている障害者に接し、話を聞いたり生活に触れたりする機会はそれほど多くはない。まずは、そこからである。

家族や友達が泊りに来たり、友達を読んで夜通し話をしたり、学習会をしたり……、ショートで使わない日は、昔のつっかいぼうのように寄り合いたい。建物と介助があるだけでなく、人とつながる力、生活する力や知恵を蓄

える ことも自立の大切な要素だと思うからだ。「親亡き後」ではなく、いつ、どこにあっても自分らしく生きるためだ。

今やA型事業所と同じく営利目的でどんどん建てられるGH。そこではどんな障害のある人が暮らせるのか、そこにどれだけの自由や人間らしい暮らしがあるのか、また、どの程度地域とのつながりを大切にする姿勢があるのか、残念ながら今のところ現状は十分に把握できていない。

これからの私たちのGHの運営にも理想と現実のギャップが生じることは避けられないだろうが、そうした隔たりを埋め、なくしていくための努力を惜しまず、住む人たちの人権を守っていきたいと思っている。

また、障害者の中でも、特に精神や知的障害の人の住む場所は、GHと限定し追い込むことなく、一緒に暮らしたい人と暮らしたい場所で生活できるようなあり方を常に模索していきたい。

建設予定地はGHを建てても、まだ敷地が半分近く残る広い場所である。身の程に合わない買い物をしてしまったが、ここを拠点に地域のさまざまなニーズを抱えている人たちの交流や支援を目指した活動ができないかと思っている。

まだ漠然としていて、当面は大きな借金を抱えることになるので時間はかかるだろうが……。

吉田朱美　2022年12月撮影

編者あとがきにかえて

　この本の主人公吉田朱美と知り合って35年以上になる。多くは取材絡みでブランクもあったが、お付き合いする中で私に不適切な会話やふるまいがあると、きちんとたしなめてくれてその都度、自らの不勉強を恥じたものである。

　例えば車いすの障害者に対して、何気なく子ども相手に話をするときのような言い方をすると、「れっきとした大人なんだから、普通に話してあげてもらえませんか」とやんわり注意されたり、本文中にも書いたが「異性介護」は御法度であることを教えられたりした。そのうちに自分自身、カメラマンに対して車いすの方を撮影するときは、しっかり視線の高さを合わせるよう指示したりするようにもなった。

　今にして思えば、私やそのカメラマンの障害者に対する理解が一般的なレベルに比べ、著しく欠けていたということではなく、これらの出来事自体、いかに「健常者」と「障害者」が切り離され、別々の世界で暮らしていたかを示す証左といえるような気がする。

吉田とその仲間たちは、岐阜という決して先進的とは言いがたい地域にあって、そうした「分離」に抗い、1980年代初頭から活動を続けてきた。本書で主に取り上げたのは、「何もかもゼロ」の状況から散々苦労をして自分たちの思いを実現していった20年間である。それはつっかいぼうの熱い青春時代だった。

しかし、人間の人生と同じように、時間とは無慈悲なものである。若き日の燃えたぎるような思いも、夢を手に入れ、理想が現実化するにつれ、いつしかそれらは色あせ形骸化していく。絶対的要求が満たされ、組織が成熟していくにつれ誰しもがたどる必然である。

自立生活運動などで少しずつ成果を挙げていく一方で、それらの支援を続けてきたつっかいぼうの仲間たちは、年を重ねてメンバーも次第に入れ替わり、そのうちにかつての熱気は少しずつ冷めていった。

吉田はその変化をいち早く敏感に感じ取っていたようだ。やっとの思いで手に入れた初代「つっかいぼうの家」を閉めた1999年、寂しさや感慨にひたりつつ、次のように記している。

周りを気にせずホッとひと息つける場、気楽に集まって思いっきり人と話せる（思いが共有できる）場、自由な時間を持つことができる場、自立の準備ができる場は必要なくなったのか？

周りの若い障害のある仲間を見れば、障害の軽さのせいも大きいかもしれないけど、一見、息をひそめ思いを押し殺して生きているようには見えない。電話一本自由にかけることが至難の業どころか、ほとんどみんなニコニコと携帯を手にして会話している。親も余裕があるのか、あるいは、物わかりがいいのか？外出の際は送り迎えしてくれる。

適度に遊べて作業所やデイサービスなども選ばなければ行くところはあるし、そこで、おしゃべりはなんぼでもできる。どこへ行っても障害物だらけというほどでもなく、同じく選ばなければ専用設備含めて使いやすくなってきている（差別は見えにくくなってきているようだ）。切羽詰まった気持ちや孤独は持たなくてもよくなってきている部分もあるようだ（持てなくなっている？）。

寄り集まって思いや現状を語り合い解放されなければならない状態ではない人が多くなっているように見える。でも、それでは簡単に自立に向かえるかと言えば、それは以前と変わらず難しい。（1999年3月15日発行「通信」より）

確かに「切羽詰まる」ようなことが徐々に減っているというのは、その通りだろう。それなりに障害者福祉は充実した。

それは一般社会も同様で、1990年代以降、低成長期を迎えながらも「一億総中流時代」は右肩下がりではあったが、なんとか命脈を保っていた。「窮乏革命論」の出番は、もうない。障害者も含め仲間と連帯して変革に立ち上がるような意識は薄れ、人々の意識は徐々に保守化した。

そのころから携帯電話やゲーム機のようなツールが普及したこともあり、「集いの場」の必要性も希薄化した。寄り集まって話し合ったり、楽しいことを共有したりするような機会が減り、個々で完結できるライフスタイルが一般的となった。

世の人々全員がそれなりに満足ならこのままでいいのかもしれないが、社会の深部においては、コストや手間の問題から先送りされ手を付けようとされない問題が徐々に堆積し、弱い立場の人たちをさらに苦境に追いやっている。その結果、例えば、日本の子どもの7人に1人は貧困にあえいでいて自殺率は先進国の中でワースト1である。

障害者にはそうした矛盾がより顕著に現れる。

暮らし全般に関わることで言えば、生活に苦しむ人の割合＝相対的貧困率は障害者では4人に1人、健常者に倍する数字である。

吉田たちが長年取り組んできた「重度障害者も地域でふつうに暮らす」とい

う目標も、まだまだ望み通りというにはほど遠く、いびつな形でしか達成できていない。

厚生労働省は2022年10月、施設から在宅へ生活の拠点を移した障害者は、当初目標の9％を大幅に下回る5％弱に留まっていることを明らかにした。障害の軽い人たちの地域移行が順調に進んだため、全体としては減少傾向にあるものの、重度障害者の入所者は現在も増加している。さらに、知的障害者が入所者全体の7割を占めていて、それらの障害者が取り残されている実態が浮き彫りにされた。

2022年9月、国連は障害者権利委員会の総括所見を公表。施設入所者が多い日本の現状を問題視し、政府に対して施設収容を終わらせるための実効性のある制度設計や予算の組み換えを勧告した。

分離教育を基本とする日本の特別支援教育も抜本的な改革にはほど遠い。同所見は現状への懸念を表明。障害の有無にかかわらず共に学ぶインクルーシブ教育の実現に向けた行動計画の作成を求め、併せて、学校が障害児の入学を拒めないようにする措置も要請している。

ところが、勧告を受けた文科省は「多様な学びの場において行われます特別支援教育を中止することは考えてはおりません」（令和４年９月13日、永岡桂子文部科学大臣記者会見録）と、公然と勧告に従わない姿勢を示している。

これらは、明らかに時代の流れに後れを取っている、ないしは背を向けていると断じざるを得ない。

障害者への人権侵害――。

ナチス・ドイツの「断種法」にならって戦後制定された旧優生保護法が、21世紀を迎える直前まで半世紀もの間廃止されることなく効力を持ち続けてきた事実が脳裏をかすめる。そして、現実の世界では差別意識に基づく凶悪事件や下劣なヘイトスピーチが今なお繰り返されている。

２０１６年の「相模原障害者施設殺傷事件」。惨劇の舞台となった「津久井山百合園」は、施設収容主義が改められることなく手つかずのままだった「大規模コロニー」だった。犯人は優生思想をむき出しにした差別主義者である。

ヘイトスピーチは民主主義の砦からも発せられている。元首相の一人が自ら「許容範囲」をじわじわと広げる一方、代表選手の某国会議員は、生産性や出自に絡めた差別発言などをSNSなどで拡散し、その都度糾弾されながらも、おとがめなしで「体制」に包摂され続けている。

本来問われるべきは、優生思想の生みの親とでもいうべき、効率や利便性などが幅を利かす近代以降の能力主義である。それを改めない限り、障害者など生産性が低いとみなされる人々は、大なり小なりいつになっても差別を受け、「社会的弱者」の定位置から抜け出すことはできないのではないか。

しかし、歴史の針が巻き戻ることはない。

振り返れば、障害者自らの長年にわたる働きかけや運動があった。加えて、ノーマライゼーションを是とする世界的な潮流、女性の社会進出、さらには高齢社会の到来により「障害」が健常者にも身近なテーマになったこと……。

こうした潮流が勢いを増したことにより、低成長時代に即応するためひねり出され、当初から「安上り」、「家族任せ」などの批判もあった「日本型福祉社会」は、見直しを余儀なくされている。そのバックボーンとなった「小さな政府」＝新自由主義自体、貧困や格差を増幅させた元凶とされ、かつての勢いはない。現政権が「新しい資本主義」を打ち出し、政策の修正を打ち出しているのはその表れである。

時代はまさに転換期にあり、障害者を取り巻く世の中のあり方についてもしかり。大局的には「障害者の権利に関する条約」は、条約として批准した以上、遵守義務を負い、いずれは完全に履行しなければならない。前述した施設収容主義や分離教育に抜本的な対策を講じることなく、ガラパゴス化を放置する国は、世界から見放されるしかない。

身の回りに目を向けると、時間の経過とともにバリアフリーなどの福祉インフラは積み増しされていく。人々の意識においても、車いすの利用者の外出が珍しくなくなったため、好奇の目で見るようなことが少なくなったのは確かである。

障害者がテレビなどに登場する機会も増えた。「障害者の性」の問題といった、かつてのメディアでは取り上げられなかったようなテーマなども、しっかりと語られたりしている。障害者と健常者の「距離」は自ずと近くなっていく。

社会の意識においても、「ルッキズム」のような外見至上主義を否定する風潮や、さらに広く偏見や差別を許さない「ポリティカル・コレクトネス」といった考え方が浸透しつつある。

人々が長い時間をかけて火の出るような議論をし合い、やっとたどり着くことのできた真理や思想を、例えば食卓を囲みながら、お笑い芸人の軽いやりとりの中で手に入れ、共感したりできる時代にはなった。地球規模では「ＳＤＧｓ」のように、これまでのような野放図な成長や繁栄に待ったをかける動きもある。

当事者たちはどうか。

ともすれば、ぼんやりとした現状維持の意識がまん延しているようにも見える中、吉田やつっかいぼう、ひいては障害者運動の新たな主体的活動の地平はどこに求められるのだろうか。

「小さな一歩」ではあるが、吉田はあるテーマを見いだしている。

ターゲットは自らの足元の「地域」。

自分たちの原点であった地域に立ち返り、共に生きる「場」をつくる——。

富山県ではお年寄りも子どもも、障害があってもなくても利用でき、自分の家のように「あんき」な「富山型デイサービス」という居場所が生まれている。直接障害者につながるわけではないが、市民らが貧困家庭を支援する「子ども食堂」や「フードバンク運動」など、共生社会に根を張る拠点や活動も全国各地に広まりつつある。

つっかいぼうとも浅からぬ縁のある旧長良病院に勤めていた元看護師が、富山型にならったデイサービスを始めたいと吉田に伝えたのは、つい最近のこと。「大きくなくていい。小さい規模でふつうの家のような……」。友人が語るそんな場のイメージは久々に吉田の心を揺さぶったという。

地域で共に生きることを目指し、ひたすら歩み続けた吉田、そしてつっかいぼう。
もう一度この岐阜の地で障害の有無にかかわらず、いろいろな人たちが集まり交流を深め合う「現代版つっかいぼう」が復活することを望みたい。

本書の記述は、吉田朱美とつっかいぼうの歩みを中心に書いてあるが、ところどころ、かなりの分量の時代背景や障害者運動の流れなどを挿入している。吉田たちの活動が当時のそうした動きと密接不可分であることから、本筋からやや離れることにはなるが、あえて書き加えた。また、引用してある機関誌の文章は、文意を尊重しつつ読みやすくするために最低限の修正を施した。登場人物は全て敬称を省略した。本名は本人の希望により、フルネームのほか名字やイニシャルで表記した。

年譜

年次	障害者を巡る動き	つっかいぼうの足跡
1954（昭和29）		吉田朱美、岐阜市長良千代田町に生まれる
1959（昭和34）	ノーマライゼーションの理念を世界で初めて盛り込んだ「知的障害者福祉法」がデンマークで制定	
1960年代初頭	米国で障害者の自立生活運動が始まる	
1967（昭和42）		県立関養護学校に入学
1970（昭和45）	障害者基本法制定	県立岐阜高等学校通信制課程進学
1971（昭和46）	日本初の国立心身障害者コロニー「のぞみの園」が群馬県高崎市に開所	
1973（昭和48）	「第1回全国車いす市民交流集会」、仙台市で開催	
1974（昭和49）		文通サークル「山鳩の会」に入る
1976（昭和51）	「全国障害者解放運動連絡会議」結成	
1977（昭和52）		山鳩の会、「東海4県車いす交流集会岐阜大会」に参加

1979（昭和54）	新自由主義政策の一環として自民党が「日本型福祉社会」論を提唱 養護学校義務制実施	
1981（昭和56）	「完全参加と平等」を掲げ、国際障害者年に指定	
1982（昭和57）		「全国障害者解放運動連絡会議全国集会」に参加
1983（昭和58）	国連・障害者の10年スタート	
1984（昭和59）		東海障害者映画祭　東海5県5ヶ月間連続上映 JR岐阜西駅駅舎改善運動
1985（昭和60）		第1回みんなでやろまい障害者・健常者の大交流キャンプ（長瀬駅前キャンプ場）
1986（昭和61）		Tさん、国立長良病院より自立、支援
1987（昭和62）	国連・障害者の10年「モア・コンサート」	（仮称）共同の家設立準備会始まる 第4回東海障害者交流集会岐阜集会（85年より開催）
1988（昭和63）		障害者自立センターつっかいぼうの家開設 「いい旅しよう！京都」交通アクセス運動
1989（平成1）		第1回大カルタ取り大会（大垣城ホール）

1990（平成2）		つっかいぼう3周年記念シンポジウム 「モムのカレンダー」販売を始める つっかいぼうにて「わっぱん（自然食品）」の月1回の販売を始める（以後、販売品目を増やしていく）
1991（平成3）	障害福祉の理念などを定めた障害者基本法制定	
1992（平成4）		「国連・障害者の10年」最終年イベント岐阜市で開催 つっかいぼう代表岐阜市議選に出馬 つながり亭開店
1993（平成5）		つながり亭、岐阜市障害者小規模通所施設として開始 つっかいぼうで自立体験を繰り返していたHさん、家を借りての一人暮らし開始
1994（平成6）		全障連（全国障害者解放運動連絡会議）岐阜大会開催 （仮称）「就学を考える会」始める
1995（平成7）		「就学を考える会」「徳田茂講演会」 「就学を考える会」から「共に育ち合う教育を考える会・ぼちぼち」結成
1996（平成8）	優生保護法廃止	つっかいぼうにて、2番目の作業所を目指してロウソク作りを始める

1997（平成9）		「ロウソク工房ヴァリエーション」岐阜市障害者小規模通所施設として開始
1998（平成10）	阪神淡路大震災を契機として特定非営利活動法（NPO法）施行	つっかいぼうの家を返す（閉所）
1999（平成11）		車椅子移送サービスを始める つながり亭、徹明町から竜田町に移転（定員拡大）
2000（平成12）	介護保険制度スタート	
2001（平成13）		岐阜市にて自薦登録ヘルパー制度開始（98年より交渉開始） Iさん国立長良病院より自立（3〜4年前より支援開始） 介護派遣部スタート
2002（平成14）		8月、つっかいぼう、特定非営利活動法人取得申請 11月、特定非営利活動法人認証 12月、つっかいぼう「15周年記念イベント」開催
2003（平成15）	支援費制度スタート コロニー「のぞみの園」で入所者の地域への本格的な移行始まる	支援費制度による指定居宅介護事業所「つっかいぼう」（4月）、同「サポート」（6月）開始、「日常生活支援従事者養成研修」実施、以後適宜に開催

2004（平成16）		つっかいぼう事務局と自立支援部が、元浜町から早田東町に移転
2006（平成18）	障害者自立支援法施行 公共交通機関などのバリアフリー化を進めるバリアフリー新法施行	10月、福祉有償運送開始 同月、支援法完全施行に伴い事業所を再編成し、居宅介護等事業所「サポート」を廃止、「相談支援事業」開始
2010（平成22）		4月、2つの作業所を統合、「つながり亭・ヴァリエーション」とし、地域活動支援センターへ移行。
2012（平成24）		4月、居宅介護事業所を登録特定行為事業所として登録する 特定相談事業所「サポート」、一般相談支援事業所「リーバス」を開始 岐阜市黒野に就労継続B型事業所「ビー・カンパニー」を建設し、事業を開始する。（地域活動支援センター「つながり亭・ヴァリエーション廃止」） 7月、ビー・カンパニーの中で、自然食レストラン「オルタ食堂」営業開始
2013（平成25）	障害者総合支援法施行	7月、「第7回　障害を持つ人の卒後を考える交流集会」開催
2016（平成28）	障害者差別解消法施行 神奈川県立津久井やまゆり園で障害者殺傷事件	
2017（平成29）		6月、指定訪問介護事業所つっかいぼう開設

2019（令和元）	国会史上初めて重度の身体障害のある議員が2人誕生	
2020（令和2）		2月、オルタ食堂コロナ感染拡大で閉鎖
2023（令和5）		秋、GH（共同生活介護事業所）建設着工予定
2024（令和6）		4月、GH（共同生活介護事業所）開設予定

みんなで街に出よう！
～重度障害者吉田朱美と仲間たちの半世紀～
NPO 法人「つっかいぼう」設立 20 周年記念出版

発行日　2023 年 2 月 1 日
編　著　岐阜新聞情報センター出版室
発　行　株式会社岐阜新聞社
印刷所　岐阜新聞高速印刷株式会社

※価格はカバーに表示してあります。
※乱丁本、落丁本はお取り替えします。

ISBN978-4-87797-318-6